혁신성장, 기회를 잡아라

혁신성장, 기회를 잡아라

2019년 11월 15일 1쇄 발행
2020년 1월 10일 2쇄 발행

지은이	김문선·김도현·이병헌·임채운·송은주·김재환·전정환·전세희·김선우
펴낸이	김영애
기 획	이진아콘텐츠컬렉션
편 집	윤수미
디자인	dreamdesign 정민아
마케팅	이문정
펴낸곳	SniFactory(에스앤아이팩토리)

등록	2013년 6월 3일
주소	서울시 강남구 삼성로 96길 6 엘지트윈텔 1차 1402호
전화	02. 517. 9385
팩스	02. 517. 9386
이메일	dahal@dahal.co.kr
홈페이지	http://www.snifactory.com
ISBN	979-11-89706-81-4(03320)

가격 15,000원

혁신성장, 기회를 잡아라

김문선 김도현 이병헌 임채운
송은주 김재환 전정환 전세희 김선우

다홀미디어

CONTENTS

프롤로그   미래에 대한 혁신적 도전,
기업가정신으로 재설계하라 | 김문선   08

PART 1   **새로운 기업,
성장과 발전의 동인이 되다**
... 혁신의 화두, 경제도 혁신이다   28

기업   사내벤처와 기업가정신 | 김도현   30
사내기업가정신의 개념과 관련연구들   31
사내기업가정신의 실제   37
사내벤처 사례   46

금융　혁신성장을 위한
　　　벤처캐피탈 산업구조 개편 | **이병헌**　　　54

　유니콘 벤처 시대, 벤처 생태계의 과제　　　55
　벤처캐피탈 산업의 현황과 구조적 문제점　　　56
　벤처캐피탈 산업에 관한 정부 정책에 대한 평가　　　65
　독일 연방 정부의 HTGH 사례와 시사점　　　69
　벤처캐피탈 산업의 구조 개편 방향　　　73

경제　중소기업 중심 경제와
　　　혁신성장 | **임채운**　　　78

　경제구조 개혁의 필요성　　　79
　4차 산업혁명 시대 경제구조　　　82
　중소기업에 관한 관점과 정책　　　85
　중소기업 중심 경제의 유형과 의미　　　88
　중소기업 경제구조의 단계적 발전　　　91
　정부 주도 혁신경제의 한계　　　94
　중소기업 중심의 경제구조 개혁을 위한 역할　　　98

PART 2 **추격성장의
패러다임을 뛰어넘다**
... 변화의 시대, 핵심은 혁신이다   104

교육   4차 산업혁명 시대,
       무엇을 어떻게 가르칠 것인가? | **송은주**   106
       미래의 삶과 잃어버린 고리   107
       2030년 이후를 대비하는 에듀테크   116
       교육 변화를 통한 새로운 창업의 방향과 전망   125

한류   유럽에서 바라본
       한국콘텐츠의 현주소 | **김재환**   132
       방탄소년단, 유튜브 세대의 비틀즈   133
       한국문화원, 한국 문화 전파의 산실   136
       헝가리에서의 한류, 자발성의 의지와 힘   140
       한·중·일 동아시아 3개국의 문화적 차이   149
       한류의 중독성과 완성도   151

PART 3

새롭게 정의하고
창의적으로 도모하라

... 다양성은 증대되고 선택의 폭은 넓어진다   162

지역   지속성장 가능한
               창업생태계와 도시재생 | **전정환**   164

               '구분'이 아니라 '축'이다   165
               생태계로서의 '지역' 발견   167
               다양성과 융합으로 무장하라   170
               혁신성장을 위해 필요한 변화   173
               도시재생 사례   176

기술   4차 산업혁명 시대
               혁신성장의 역할 | **전세희**   182

               4차 산업혁명의 도래   183
               4차 산업혁명 대응역량 진단   186
               4차 산업혁명을 바라보는 정부의 비전   188
               정부의 중점 추진과제   191
               4차 산업혁명의 추진체계 및 기대효과   205

에필로그   혁신성장을 위한
               정부의 기업가정신을 기대하며 | **김선우**   210

미래에 대한 혁신적 도전, 기업가정신으로 재설계하라

김문선 | (재)넥스트챌린지 본부장

한국경제의 돌파구로서 '혁신성장'이 강조되고 있다. 우리가 살고 있는 대한민국은 매우 짧은 기간 동안 세계가 주목할만한 빠른 성장을 이루어냈다. 그러나 앞으로의 미래는 과거의 전략이나 방법으로는 유지와 발전이 불가능하다. 시대가 변했으니 성장전략이 바뀌어야 한다. 과거의 노동집약적인 산업을 앞세워 해외 기업들을 모방하며 성장했던 양적 성장의 시대는 끝났다. 이제 우리는 어떻게 새롭게 도전해야 할 것인가? 어떤 방법으로 혁신을 만들어야 하고, 또 무엇이 혁신성장의 동력이 될 것인가?

성장발전의 새로운 기준, 혁신성장

한국경제와 사회에 대한 우려의 목소리가 점점 커지고 있다. 투자와 소비는 내리막길에 접어들었고, 그나마 호조를 보이던 수출마저 증가세가 꺾였다. 최저임금 인상, 비정규직의 정규직화, 근로시간 단축 같은 친親노동 행보는 사회적 갈등을 증폭시키고 있다. 한국경제와 사회는 저출산, 고령화, 주력 수출산업의 쇠퇴, 영세 중소기업·서비스업의 낮은 생산성, 청년 실업 등의 구조적 어려움이 더욱 가중되고 있다. 그리고 보호무역주의, 한-일 무역분쟁 및 미-중 무역전쟁 심화, 국제 금융시장 불안정 등으로 대외 불확실성 또한 높아진 상황이다.

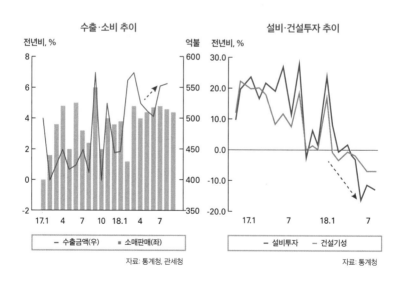

이런 현실에 즈음하여, 한국경제의 돌파구를 혁신성장에서 찾는 사람들이 많아지고 있다. 자금, 국토 면적, 인구, 천연자원 등 모두가 부족한 대한민국이다. 그렇다면 세계 속의 강국, 미래의 선진국으로 도약하기 위한 새로운 기준으로 '혁신성장'이 강조되는 이유는 무엇인가?

지금까지의 한국경제사를 돌이켜보면 국민소득 3만 불 달성은 '노동에 의한 압축성장'의 결실이었다. 이는 전쟁의 폐허속에 무에서 유를 창조하고 세계를 놀라게 했던 한강의 기적과 잘 살아보자는 한마음 한뜻으로 일궈낸 발전이었다. 그러나 우리가 기대하는 앞으로의 국민소득 5만 불 달성은 기존의 전략이나 방법으로는 이루기 어렵다.

시대가 변했으니 성장전략이 바뀌는 것은 당연한 논리다. 새 술은 새 부대에 담아야 한다. 과거의 노동집약적인 산업을 앞세워 해외 기업들을 모방하며 성장했던 양적 성장의 시대는 이제 더 이상 유효하지 않다. 지금은 '4차 산업혁명 시대'이다. 갈수록 불확실성은 커지고 있고 생산성은 급증한다. 반면 노동력은 덜 필요하고 소득격차 등의 불평등 요소는 더욱 강해지고 있다. 나날이 일상생활은 편리해지고, 원하는 정보도 언제 어디서나 얻을 수 있다. 그러나 이로 인해 기존의 경쟁력은 무용지물이 되었다. 결국 지금까지와는 다른, 앞으로의 시대에 맞는 새로운 기준과 전략이 필요하다. 그리고 많은 사람들은 이것이 '혁신성장'으로 가능하다 말한다.

가죽을 벗겨내는 고통의 '혁革'신의 특성

혁신은 최근 20여 년의 한국경제사에서 가장 많이 그리고 흔하게 사용하는 단어가 되었다. 그만큼 혁신에 목마른, 혁신이 필요한 시대가 되었다는 의미일 것이다. 그러나 혁신의 정의 또는 의미를 제대로 아는 사람은 얼마나 될까? 혹독하다 못해 고통스럽기까지 한 혁신의 과정과 본질에 대한 성찰이 먼저 필요하다.

혁신은 가죽 혁革에 새로울 신新으로 이루어져 있다. '짐승의 몸에서 갓 벗겨낸 가죽皮에서 털과 기름을 제거하고 무두질로 부드럽게 잘 다듬은 가죽革을 새롭게 한다新' 정도로 풀이할 수 있다. 실제로 중국 고전 〈설문해자說文解字〉에서는 혁革을 '짐승의 가죽에서 그 털을 뽑아 다듬은 것을 혁이라 하며, 혁은 편한 것이다獸皮治去其毛曰革革, 便也'라고 설명하고 있다. 즉 맨 가죽과는 차원이 다른 새로워진 가죽이 혁革이라는 것이다. 이 맥락에서 보면, 혁신은 '면모를 일신하다' 즉 고치다는 의미가 되고, 나아가 '묵은 제도나 방식을 새롭게 고쳐서 새로운 가치를 만들어가는 과정'을 일컫는다 하겠다.

한편 우리 표준국어대사전에서 혁신은 '묵은 풍속, 관습, 조직, 방법 따위를 완전히 바꿔서 새롭게 함'으로 정의하고 있다. 여기서 우리는 혁신의 특성을 알 수 있는데, 먼저 모든 영역에서 혁신은 가능하다는 것과 완전히 바뀌었다고 생각할 수 있을 정도로 혁신의 효과는 크다는 것, 그리고 혁신은 본질을 바꾸는 것이 아닌 오히려 본질에 더 가깝게 접근하는 방법으로 이루어진다는 것이다.

우선, 혁신은 모든 영역에서 가능하다. 어떤 분야에서든 발생 가능한 것이다. 정부에서도 혁신이 가능하며 대기업에서도 혁신은 가능하다. 영세 소상공인에게도 혁신은 필요하고, 비영리단체에서도 혁신은 일어날 수 있다. 그리고 애초에 혁신을 위해 탄생한 조직이 있는데, 바로 스타트업이다. 통상적으로 스타트업은 '혁신적인 아이디어나 기술을 가진 창업 초기기업'으로 정의할 수 있는데, 여기서 중요한 것은 혁신이 필요한 상황에서 혁신이 일어나지 않는다면 그 조직은 쇠퇴하거나 역사의 뒤안길로 퇴장할 수밖에 없다는 것이다. 오늘날과 같이 발전의 속도가 기하급수적이고 변화무쌍하여 예측이 불가능한 시대에서의 혁신은 기업과 조직의 필수불가결한 핵심요소이자 생존수단으로 볼 수 있다.

그리고 혁신은 가치의 변화를 통한 완전히 새롭고 포괄적인 가치창출의 활동을 야기한다. 하지만 새롭다고 무조건 혁신이라 말하기는 어렵다. 새로움이 가치와 연결되었을 때 비로소 우리는 '혁신'이라 칭한다. 일찍이 피터 드러커 Peter Ferdinand Drucker는 혁신을 '소비자들이 지금까지 느껴온 가치와 만족에 변화를 일으키는 활동'으로 정의한 바 있다. 이런 관점에서 보면 기존 자원이 가진 잠재력을 더 높여 더 많은 가치를 창출하는 것이 혁신이고, 존재하지 않던 것에서 혹은 아주 형편없는 것에서 가치를 창출하는 것도 혁신이다. 이렇듯 넓은 의미에서 혁신은 가치창출의 활동이고, 기업과 조직 활동에서 필수 불가결한 요소가 된다.

끝으로 혁신은 본질에 더 집중한다. 혁신이 일어나는 또는 혁신을 필요로 하는 이유는 무엇인가? 시대가 변하면서 인간의 욕구가 변하기 때문이다. 그런데 분명한 것은 인간의 본질적인 욕구는 변하지 않는다는 것이다. 매슬로우^{A. W. Maslow}가 정리한 인간의 욕구는 생리적 욕구, 안전의 욕구, 애정과 소속의 욕구, 존경의 욕구, 자아실현의 욕구 등 다섯 가지의 범주를 벗어나지 않는다^{Hierarchy of needs}

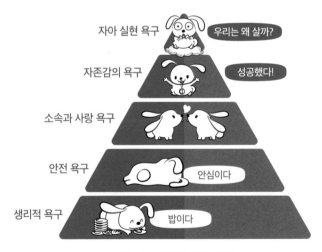

Maslow의 인간 욕구 5단계
출처: https://blog.naver.com/milee0822/220882907606

theory. 다만 각각의 카테고리 안에서 시대와 환경의 변화에 따라 욕구 충족의 도구에 변화가 있을 뿐이다. 예를 들어 자본주의 시대를 사는 인간은 존경의 욕구를 충족하기 위해 고급 소재를 사용하고 디자인이 멋진 명품으로 자신을 치장하였다. 그러나 자본주의 시대 이후의 인간은 과거 쓰레기로 취급받던 소재로 만든 리사이클링 제품을 통해 자신의 명예 욕구를 채우고 있다. 즉 변하지 않는 고객의 욕구(가치)에 집중해 소재를 변경하는 방법을 통해 혁신을 이루어낸 것이다.

새로움 속에 가치 창출하는 활동

그런데 혁신을 제대로 이해하기 위해서는 '혁革'이라는 한자를 좀 더 살펴볼 필요가 있다. 가죽을 뜻하는 한자에는 '혁' 외에 '피皮'도 있다. 이들의 차이는 피皮는 짐승 가죽을 벗겨 낸 것이고, 혁革은 짐승 가죽에서 털을 다듬고 없앤 것이다. 즉, 가죽을 뜻하는 '피'를 쓰지 않고, '혁'을 썼다는 것은 이미 가공한 가죽을 더 새롭게 만든다는 뜻으로 해석할 수 있다. 한편, 영어를 살펴보면 혁신innovation은 '안에서 밖으로'를 뜻하는 in과 새롭다는 뜻의 nova가 결합한 것으로, 안에서부터 시작해서 새롭다는 의미로 풀이할 수 있다. 즉 새롭다는 것을 밖으로 드러난 현상으로만 바라보지 않고, 보이지 않는 내부로부터 시작해서 보이는 겉으로까지 안팎 모두 달라지는 것을 말한다.

그런 의미에서 '혁신革新'은 고쳐서 나아진다는 뜻의 '개선改善'과는 질적으로 다르다. 둘 다 변화를 수반하지만, 개선은 고친다고 해도 여전히 고치기 전과 다른 것으로 인식되지 않지만, 혁신은 이전과는 완전히 다른 것으로 인식되기 때문이다.

그럼 어느 정도의 효과가 있어야 혁신이고, 어디까지가 혁신innovation이며 또 개선improvement과는 어떻게 얼마나 어떤 점에서 다른가? 개선의 사전적 정의는 '잘못된 것이나 부족한 것, 나쁜 것 따위를 고쳐서 더 좋게 만드는 것'이다. 혁신과 개선 모두 지금보다 더 나아진다는 공통점이 있다. 그러나 혁신과 개선은 뚜렷이 차별되는 기준점이 있다.

우리는 MP3 플레이어에 단순한 기능 하나가 추가되었다고 혁신이라 평가하지 않는다. 조금 다른 MP3 플레이어로 혁신했다고 하지 않고 개선했다고 평가할 것이다. 그에 반해 아이팟에 대해서는 누구나 혁신이라고 이야기한다. 왜 아이팟을 MP3 플레이어의 개선이 아닌 혁신 제품이라고 하는 것일까? 기존에는 몇십 곡 겨우 들어가던 것이 몇천 곡이 들어갈 수 있기 때문에, 버튼 하나로 조작이 용이해서, MP3 파일을 일일이 구해서 듣는 게 아니라 아이튠즈를 통해 원하는 곡에 접근하기가 쉬워서… 등등. 무엇인가 하나로 정의할 수는 없지만, 아이팟은 기존 MP3 플레이어 중의 하나가 아니라 아이팟 그 자체로 하나의 제품 카테고리처럼 여겨지기 때문이다. 단순히 동물 가죽을 벗겨낸 상태가 아니라 털을 뽑고 다듬고 말려서 달라진 가죽처럼 완전히 새로운 것으로 인식되는 것이다. MP3 플레이어라는 속성으로부터 출발했지만, 전혀 다른 새로운 것으로 인식되는 것, 이것이 바로 혁신이다. 그래서 보통 혁신제품은 스테이플러, 프리마, 아이팟처럼 그 브랜드 자체가 제품이 속한 카테고리를 대변하게 된다.

그런데 새롭다고 혁신인가? 만약 어떤 MP3 플레이어 제조회사가 좀 더 나은 음질을 위해 Hi-Fi 오디오 시스템의 스피커와 앰프 등과 함께 집안 서실에서도 MP3를 듣게 한다면 어떨까? 물론 기존의 MP3 플레이어와는 다르다. 새롭다. 그러나 아무래도 이 제품을 혁신적이라고 평가하기는 어려울 것 같다. 왜냐하면 MP3 플레이어의 가치는 '이동하면서도 음악을 들을 수 있다'는 이동성과 편리함에 있기 때문이다. 그런데 이동하지 않고 집에서 음악을 듣는데 굳이 음원 손실이 있는 MP3 파일을 Hi-Fi 오디오로 듣고 싶은 사람은 아마 많지 않을 것이다.

혁신은 새로움 속에 가치 창출의 의미가 더해져야 한다. 즉 새로움이 가치와 연결되어 있을 때 비로소 우리는 혁신이라 칭할 수 있다. 그리고 이로 인해 혁신은 기업 활동의 필수불가결한 핵심요소가 된다. 기업은 가치를 창출할 때에만 존속(유지) 가능하며, 혁신은 가치를 창출하는 활동이기 때문이다. 한편 기업이 영속하기 위해서는 지속적으로 성장, 발전해야 한다. 그리고 그 성장과 발전은 기존의 틀 안에서 활동, 유지되는 것이 아니라, 지금까지의 일과 일하는 방식을 돌이켜보고 새로운 방식으로 성과를 창출하는 혁신을 통해서 가능하다. 모든 것의 경계가 무너지고 그 안에서 융합되고 분화되는 급격한 변화의 시대, 오늘날에 '혁신'이 주목받는 이유이다. 그래서 혁신은 한때 유행하는 트렌드가 아니라 게리 하멜^{Gary Hamel}의 말처럼 혁신만이 불확실성과 경제 위기를 넘어서는 '진정한 처방이며, 유일한 처방'일지 모른다.

경제성장의 주요 동인, 혁신

혁신은 반론의 여지없이 경제성장과 발전의 주요 동인이 된다. 새로운 제품과 서비스를 개발하고 새로운 공정을 도입하여 새로운 방식으로 생산과 유통을 조직한다. 그럼으로써 혁신은 새로운 기업, 새로운 산업, 새로운 일자리를 창출하고 경제의 생산성을 높인다. 그리고 삶의 질을 지속적으로 높여가는 기초가 된다. 우리는 혁신을 통해 인구구조의 변화, 자원 고갈, 기후 변화 등 여러 가지 전 지구적 문제들에 능동적으로 대처하고 미래의 변화하는 환경에 적응해 나갈 수 있게 되었다.

　이미 다수의 선행이론과 연구들(슘페터의 혁신이론, 신고전파 성장이론, 내생적 성장이론, 진화론적 혁신체제이론 등)에서는, 혁신에 의해 기업이 성장하고, 보다 나은 일자리가 창출되며, 혁신을 통해 생산성 향상과 국민들의 삶의 질이 높아진다는 것을 증명하고 검증해 보였다. 모방을 통한 추격 성장의 패러다임을 뛰어넘어 혁신성장으로의 패러다임 전환이 필요한 이유가 여기에 있다.

혁신성장의 핵심은 새로운 상황 속에서 문제의 본질을 새롭게 정의하고 창의적으로 밑그림을 그리는 역량을 획득하는 과정에 있다. 혁신은 위험을 감수하는 모험이자, 미래 불확실성에 대한 도전이기 때문이다.

그런데 혁신을 통해 생산성이 제고되고 경제가 성장하는 과정은 길고도 복잡하다. 혁신성장의 과정은 새로운 기업이 기존의 기업을 대체하고, 새로운 일자리가 기존의 일자리를 위협하며, 나아가 새로운 영역에서 신산업이 등장하고 기존의 주력산업이 근본적인 변화를 겪는 산업구조 전환의 과정이다. 따라서 혁신성장은 정책 패러다임의 전환에 근거한 구조개혁이며 시스템 개혁이라 할 수 있다.

변화에 대응하는 기업가정신

대한민국 기업의 역사는 길어야 60년이다. 그럼에도 불구하고 전 세계 어느 나라에서도 찾아볼 수 없는 빠른 성장과 눈부신 발전을 이루어왔다. 다만 속도에 치중하면서 성장 발전과정에서의 질적 성장과 균형성장은 고려되지 못했다는 것이 약점이자 단점이다. 그리고 이제 앞으로 100년, 200년 지속 가능한 경영을 위해, 그리고 100년 기업, 200년 장수기업의 탄생을 위해 우리는 그간 우리 경제가 걸어온 길을 되짚어 볼 필요가 있다.

사실 세계사적으로 살펴보면 국토 면적이 넓고 인구와 자원이 많으면 강국強國이 될 가능성이 높다. 그런 의미에서 우리나라는 가능성과 경쟁력은 매우 희박하고 낮다. 전 세계 면적의 0.07%, 인구수 0.7%, 천연자원마저 거의 없는 우리나라가 강국에 도전하는 것은 어찌 보면 어불성설語不成說의 불가능에 가까운 일이다. 그러나 대한민국 60년의 기업사는 새로운 역사를, 기적의 역사를 만들어냈다. 그리고 우리의 급성장과 발전의 성공사례는 우수한 인적자원에 바탕을 둔 세상에 없는 근면 성실과 '하면 된다'는 강한 정신, 무한 긍정의 태도에서 비롯되었다. 그리고 우리는 이를 그 시대의 '기업가정신entrepreneurship, 起業家精神'이라 일컫는다.

기업가정신은 환경 변화에 대한 신속하고도 유연한 적응력과 혁신적 행위를 가능하게 한다. 또한 새로운 과학적 지식을 제품과 서비스로 시장화·가치화·생산(실물)화 한다. 그리고 이를 통해 과학기술 발달과 산업의 혁명을 시장에 일으키고 이를 사회로 연결하는 효과적인 수단이 된다. 이처럼 기업가정신은 일자리 창출과 세계 일류상품의 창조, 기업과 국가 경제성장 등에 큰 기여를 하는 중요한 장점이 있다. 그리고 그 중심에 기업가entrepreneur, 起業家가 있다.

우리나라에도 6.25전쟁 이후 피폐한 상황을 딛고 일어서려는 국민적 열망 가운데에서 삼성의 이병철, 현대의 정주영 등과 같은 기업가정신이 강한 사람들이 나타났다. 이들은 기업을 만들고 산업을 성장시켰다. 그리고 혁신에 혁신을 거듭한 결과, 세계가 인정하는 일류 상품, 글로벌 기업으로 가치 평가를 받아냈다. 이후 벤처 창업 붐이 일면서 한 국경제의 체질은 다시 반도체, 자동차, 조선, 정유 등 고부가가치 첨단 기술 산업을 보유한 선진 국가로 엄청난 변화와 성장을 이루어냈다.

그런데 이들도 처음부터 화려하고 훌륭했던 것은 아니었다. 삼성, 현대와 같은 세계적인 글로벌 기업들도 처음에는 쌀가게로 출발한 이병철, 기름집을 창업한 정주영과 같은 소상공인, 중소기업이 시작이었다. 다만 그들이 소상공인, 중소기업 수준에 머물지 않고 세계적인 규모의 기업으로 성장할 수 있었던 것은 투철하고 철저한 '기업가정신'이 있었기 때문이다. 강한 성취욕구와 성장 욕구로 다른 사람들과 비교하거나 평가받지 않고 스스로가 정한 도전적 목표 달성에 주력하고자 했기 때문이다. 또한 지속적으로 새로운 목표와 기준점을 혁신하고자 했기 때문이다. 그리고 계산된 위험의 감수와 공유를 통해, 신중하되 결정은 빠르게, 신사업에 대한 위험하지만 과감한 도전을 망설이지 않았고 위험을 공유하고 분산하여 그 위험을 최소화시켰기 때문이다.

주도적이고 강한 책임감으로 적극적인 해결방안을 모색하고, 빠르고 능동적으로 기회를 포착하며, 그렇게 포착된 기회에 대해서는 신속한 의사결정과 독보적인 실행력을 보인 탁월함이 있었기 때문이다. 그리고 무엇보다 창의성과 혁신, 그리고 자유실천의지를 통해 항상 새로운 일을 추구하고 지속적으로 변화를 이루고자 몰입했으며 일상적이고 사소한 일에 대해서도 엄격하게 자기통제를 실현했기 때문이다. 그리고 그런 노력과 열정으로 일궈낸 것이 한국경제사의 '한강의 기적The miracle of Han river'이었다.

새로운 기준의 성장전략, 퍼스트 무버

혁신은 우리에게 많은 유익을 가져다준다. 혁신을 통해 우리는 과거에 존재하지 않던 새로운 제품들을 소비할 수 있게 되고, 이전보다 질이 좋은 제품을 소비할 수 있게 되었다. 소비자로서 선택할 수 있는 제품의 다양성이 증대되어 선택의 폭이 넓어지는 것도 혁신이 주는 편익중의 하나이다.

혁신을 통해 제품의 생산 원가가 하락하여 소비자들은 보다 저렴한 가격에 제품을 구입할 수 있다. 기업이 해외에 새 시장을 개척하고 생산의 규모를 늘릴 경우에도 규모의 경제로 인해 단위당 생산 비용의 절감이 가능하게 된다. 그리고 이런 경우 기업은 제품의 가격을 낮추어 시장점유율을 늘릴 수 있고, 기존 가격을 유지하는 경우에는 보다 많은 이윤을 창출할 수도 있다. 또한 원자재나 중간재의 새로운 공급원이 확보될 경우에도 비용 절감을 통한 가격 경쟁력 증진에 도움이 될 것이다.

이렇게 성공적인 혁신을 이루어 사업의 규모를 늘릴 수 있게 된 기업은 보다 많은 사람을 고용함으로써 일자리 창출에 기여하게 되고 종사자들은 더 많은 임금 소득을 받아갈 수도 있다. 그리고 기업 조직 또는 산업 조직의 혁신으로 인해 자원 배분이 보다 효율적으로 이루어진다. 또 경쟁의 압력 속에서 보다 나은 생산 기술들이 이용되면서 혁신은 경제 전반의 생산성 증가에도 기여하게 된다.

이처럼 혁신의 장점과 강점은 헤아릴 수 없이 많다. 그리고 지금의 한국 사회는 이러한 혁신의 장점과 효익이 그 어느 때보다 절실한 시내적 요구가 있다. 혁신기술을 만들어내야만 승산이 있다. 한국은 오랜 기간 이어진 '중진국의 덫'에서 벗어나 이제 드디어 1인당 국민소득(GNI) 3만 달러 시대를 맞이했다. 그러나 산업계 전반에서는 이를 체감하기가 어렵다는 반응이다. 아니 오히려 일본의 '잃어버린 20년'을 우려하는 식자識者들이 더 많다.

그동안 유효했던 신제품, 신기술의 빠른 추격자로서의 '패스트 팔로워Fast Follower' 전략이 더 이상 효과적이지도 유효하지도 않기 때문이다. 그동안 미국과 일본 등 선진국의 우수 기술을 모방하고 빠르게 따라 하면서 일구어냈던 3만 달러의 목표가 이제 중국이나 인도 등에 의해 훨씬 더 빠르게 추격당하고 있기 때문이다. 결국 우리나라가 4만, 5만 달러 국민소득 시대로 성장, 발전하기 위해서는 새로운 기준의 성장전략, 즉 가장 빠르고 유일한 '퍼스트 무버First Mover'의 전략으로 선회해야만 한다. 이제는 지식과 기술, 정보가 실시간으로 공유되기 때문에 새로운 제품, 시장을 개척한 1등 기업이 되어야만 시장을 지배할 수 있다. 또 생존할 수 있다. 그리고 이러한 퍼스트 무버가 되기 위해서 가장 필요하고 중요한 덕목은 도전과 열정, 창의와 혁신의 키워드, 즉 '기업가정신'이다.

새로운 성장 동력, 철학있는 기업가

지금껏 한국이 성장하고 발전할 수 있었던 유일한 방법은 '경제발전'에 있다. 우리는 천연자원도 없고 관광자원도 없이 오로지 산업적 발전에 의해 전 세계 6, 7위의 경제대국을 만들어냈다. 그리고 그 기저에는 미국의 원조를 바탕으로 빠르게 모방^{copy}하고, 따라잡았던^{catch up} 근면과 성실이 있었고 은근과 끈기가 가장 유효한 수단이자 유일한 전략이었다.

그런데 그 시대 기업가들은 자신의 부를 축적하기 위해 기업을 창업한 것이 아니었다. 배고픈 가족과 이웃 나아가 국민을 살리기 위해 창업을 하고, 기업을 키우고 성장시켰던 것이다. 그렇게 우리나라 기업인들은 최빈국에서 '한강의 기적'을 일군 주인공이자 주역이었다.

하지만 이들은 사회와 국가, 국민으로부터는 좀처럼 칭찬을 받지도 존경의 대상이 되지는 못하고 있다. 이것은 스스로 시장을 개척한 적이 없기 때문이다. 엄격히 말해서 우리나라 대기업들은 세계적인 규모로 성장한 기업이지 성공한 기업은 아니기 때문이다. 효율적인 제품을 출시했지만 타인(타기업)의 아이디어를 모방해 효율적으로 관리하면서 성장해왔기 때문이다. 이를 경영학적으로 효율적인 성장은 달성했지만 기업가로서 사회적으로 존경받는 단계에까지는 이르지 못한 것이다. 추격형, 모방형 사업으로는 존경받는 기업이 나오기 힘들다. 그래서 앞으로는 바뀌어야 한다.

이제 우리에게도 철학이 있는 기업가가 필요하다. 우리는 지난 60년 간 모방하고 서둘러 쫓아가는 데만 집중했고, 꽤 열심히 했으며 참 잘해왔다. 그런데 도로에서 앞차만 보고 따라가다가는 낭패를 보기 십상이다. 만에 하나 앞차를 놓치게 되면 뒤따라가는 차는 여지없이 길을 잃을 수밖에 없기 때문이다. 어디를 가는지, 왜 가는지 모르기 때문에 목표 부재의 배는 망망대해의 부표처럼 고립무원의 신세가 될 수밖에 없기 때문이다.

게다가 이제는 우리가 쫓아가는 상대(목표)가 있다고 해도 발전, 성장하기 힘든 시대가 되었다. 그리고 반대로 우리를 목표로 쫓아오는 기업 또한 엄청나게 많이 늘었다. 무엇이든 부족했던 옛날에는 1등부터 꼴등 제품까지 다 팔 수 있었다. 그러나 지금은 지식과 기술, 정보가 실시간으로 공유되기 때문에 새로운 제품과 시장을 개척한 1등 기업만이 시장을 독식하고 있다. 바로 이것이 요즘 구글, 애플을 비롯한 삼성, LG 등의 글로벌기업 및 대기업들이 모두 혁신을 강조하고 있는 이유라 하겠다.

그런데 혁신은 말로 하는 것이 아니다. 어렵고 힘들고 리스크가 큰 과업이다. 요즘 머리 좋고 많이 배우고 스펙이 좋은 사람들은 어려운 일을 안 하려고 한다. 아니 사회 구조가 안 하게, 안 해도 되게 만들고 있는지도 모르겠다. 쉽고 편한 일만 해도 진급할 수 있고, 성공도 가능하기 때문이다. 그런 의미에서 몇몇 전문가들은 한국 기업의 장점은 끝났다고도 말한다.

그렇기에 기존의 모방경제는 마감하고 새로운 혁신경제로 가야 한다. 그리고 이는 한국 사람의 장점을 토대로 가능하다. 사실 우리나라에 중소기업이 많은 이유도 대기업의 급성장에서 찾을 수 있다. 대기업의 필요에 의해서 중소기업들을 만들어내고 또 끌고 온 것이다. 그리고 중소기업들은 잘해서 끌려온 게 아니라 무작정 쫓아온 경우가 많은 것도 사실이다.

하지만 시대는 변하고, 새로운 세계가 펼쳐지니 이젠 쫓아갈 대상이 없어지고 쫓아갈 동력도 순식간에 사라져 버렸다. 동시다발적으로 다 같이 무너지는 진퇴양난의 시기를 맞이한 것이다. 결국 우리나라의 경쟁력은 '사람'밖에 없다는 결론으로 돌아간다. 근면 성실하고 열정적이고 도전적인 사람들, 게다가 최고의 IT강국으로서 기반 역량이 탄탄한 미래형 인재들을 새로운 성장 동력으로 삼아야 한다. 기업가정신으로 무장한 철학 있는 혁신적 모험가로서의 기업가가 필요한 시대가 되었기 때문이다.

새로운 패러다임으로의 혁신기회

새로운 상황 속에서 문제 자체를 새롭게 정의하고 창의적인 밑그림을 그리는 역량을 획득하는 과정이 혁신성장의 요체이다. 혁신은 위험을 감수하는 모험이요, 불확실한 미래에 대한 도전이다. 그리고 혁신성장의 과정은 새로운 기업이 기존의 기업을 대체하고 새로운 일자리가 기존의 일자리를 위협하며, 더 나아가 새로운 영역에서 신산업이 등장하고 기존의 주력산업이 근본적인 변화를 겪는 산업구조 전환의 과정이다.

혁신성장은 정책 패러다임의 전환에 근거한 구조개혁이며 시스템 전환이다. 그런 의미에서 혁신을 통한 활발한 창업과 역동적인 혁신 생태계의 발전은 우리 경제의 성패를 가늠하는 핵심이라고 해도 과언이 아니다.

그런 의미에서 최근 들어 한국경제가 제조업과 서비스업 모두에서 경제의 신진대사가 저하되는 모습을 보인다는 사실은 매우 우려할 만하다. 특히 각종 규제와 부실기업에 대한 지원은 창조적 파괴와 생산요소의 효율적 재분배를 저해하는 요인으로 작용할 가능성이 크다. 각종 규제가 결과적으로 잠재적 신규 기업에 진입장벽으로 작용하여 경제의 역동성을 떨어뜨릴 수 있으며, 기존 부실기업의 보호가 잠재적 신규 기업의 진입을 저해함으로써 경제의 성장잠재력을 훼손할 수 있다는 점에 특히 주의해야 할 필요가 있다.

혁신에 성공한 젊은 기업들이 급속히 성장하는 과정에서 많은 고용이 창출되는 반면, 진입장벽의 보호 가운데 안주하는 기존 기업들에게서는 새로운 양질의 고용이 창출될 여지가 크지 않다. 이런 점에서 부실기업의 지원을 통한 고식적인 고용 유지 정책의 한계는 분명하다.

이제 시대가 변했고, 대한민국에는 새로운 기준의 역량과 경쟁력이 요구되고 또한 필요하게 되었다. 많은 전문가들이 이를 위해 다양한 방법과 이론과 논리를 전개하고 있는데, 이 중 가장 많은 설득력과 지지를 얻고 있는 것이 '혁신성장'이다. 새로운 시대의 새로운 기준과 목표, 그리고 이를 위한 지속가능한 성장전략이 혁신에 바탕을 둔 퍼스트 무버로서의 대한민국의 혁신성장인 것이다. 그리고 이를 가능케 하는 것이 도전과 열정, 창의와 혁신, 사회적 책임의 기업가정신이다.

모쪼록 충만한 기업가정신으로 대한민국의 제2의 경제 활성화 붐을 성공시켜 혁신성장의 가장 성공적인 모델로서의 대한민국이 되길 기대한다. 낡은 패러다임을 버리고 새로운 패러다임을 택하는 '혁신'의 기회가 우리 앞에 펼쳐져 있다. 이 책의 이어지는 내용을 통해, 혁신과 성장 그리고 기업가정신에 대해 고찰해 볼 수 있는 기회가 되길 원한다. 우리는 불가능을 가능케 하는 도전과 열정의 존재들이다.

PART 1

새로운 기업,
성장과 발전의
동인이 되다

... 혁신의 화두, 경제도 혁신이다

기업 사내벤처와 기업가정신 | 김도현
금융 혁신성장을 위한 벤처캐피탈 산업구조 개편 | 이병헌
경제 중소기업 중심 경제와 혁신성장 | 임채운

기업은 한 국가의 성장과 발전에 있어서 핵심이라고 할 수 있다. 그런 면에서

볼 때, 혁신은 우선 '기업'에서 먼저 시작되어야 한다. 한 국가의 경제를 짊어지

고 있는 수많은 기업들의 현주소를 생각할 때, 한편으로는 우려가, 또 한편으

로는 기대와 희망이 함께 공존한다. 기업에 있어 혁신되어야 할 것은 무엇일

까? 기업이 마땅히 나아가야 할 바는 무엇일까?

기업

사내벤처와 기업가정신

국가의 경제를 책임지는 주체는 '기업'이라고 할 수 있다. 그리고 '혁신'은 기업 내에서 시작되어야 한다. 기업 내에서 혁신적 발상으로 '사내벤처'를 많이 이야기하곤 한다. 사내벤처란 무엇이며 이를 통해 어떤 긍정적 결과를 도출해 낼 수 있을 것인가? 이와 관련하여 기업가정신은 어떤 면에서 중요하다고 할 수 있을까?

사내기업가정신의
개념과 관련연구들

사내기업가정신이라는 용어

우리나라에서 사내기업가정신corporate entrepreneurship에 대한 논의가 활발해진 것은 그리 오래된 일이 아니다. 사내기업가정신 활동을 말하는 용어들도 아직 분명히 정의되지 못하고 있다. 최근 사내벤처에 관한 설문조사를 진행하면서 알게 된 사실이 있다. 많은 실무자들이 '사내벤처'라는 용어를 내부에서 스타트업을 육성하는 활동이라고 한정하여 사용하고 있다는 점이다. 이러한 혼란은 두 가지 이유에서 비롯된다. 우선 Corporate Entrepreneurship이라는 용어의 우리말 번역이 하필이면 '사내社内기업가정신'으로 알려졌다는 사실이다. '사내'라는 용어는 기업 내부라는 점을 강하게 시사하는 것이다.

'기업가정신'이라는 말도 뭔가 행위보다는 정신 상태를 이야기 하는 것으로 오해하기 쉽다는 점이다. 차라리 '기업 앙트러프러너십' 정도의 용어가 더 나았을 지도 모른다. 이 용어의 원조인 일본에서도 企業內起業家 와 같이 쓴다. 일본인의 경우를 보면, 한자 사용이 의미전달에서 훨씬 더 용이한 면이 있어 보인다.

아무튼 사내기업가정신은 기업내부에서 뭔가 스타트업과 같은 활동을 한다는 의미이다. 가장 쉽게 떠올릴 수 있는 것은 사내벤처링 corporate venturing 활동이다. 이것 역시 기업의 내부에서 새로운 사업기회를 발굴하고 이를 스타트업으로 육성하는 내부 사내벤처링internal corporate venturing과 외부에서 사업기회를 발굴하는 방식인 외부 사내벤처링external corporate venturing 으로 나누어볼 수 있다. 그러나 이처럼 새로운 스타트업을 육성하는 구조 외에, 기업 스스로 스타트업과 같이 변화하는 일련의 활동 역시 넓은 범위에서 사내기업가정신 활동의 일부라고 할 수 있다.

기업의 전략과 구조를 변화시키는 전략적인 갱신straegic renewal이나 사업의 영역을 재설정하는 행위, 그리고 기업의 태도·성향을 스타트업과 같이 변화시키는 활동, 즉 기업가지향성entrepreneurial orientation과 같은 행위들이 바로 그것이다. 사내벤처링은 아니지만 이처럼 '스타트업스러운' 변화를 총체적으로 전략적 기업가정신strategic entrepreneurship이라고 부르기도 한다.▪

〈그림 1〉은 그런 개념을 정리한 것이다. 다만 모든 학자들이 이런 개념 구분에 동의하는 것은 아니다. 히트Hitt이나 아일랜드Ireland등 전략 분야의 대가들은 오히려 전략적 기업가정신을 더 상위개념의 용어로 사용하기도 한다.

▪ —— Kuratko, 2006; Morris, Kuratko, & Covin, 2008

```
                    ┌─────────────────────┐
                    │    사내기업가정신      │
                    └─────────────────────┘
              ┌───────────────┴───────────────┐
    ┌─────────────────┐              ┌─────────────────┐
    │    사내벤처링      │              │  전략적 기업가정신  │
    │                 │              │                 │
    │  • 내부 사내벤처링  │              │  • 기업가(적)지향성 │
    │  • 외부 사내벤처링  │              │  • 전략적 개선갱신  │
    │                 │              │  • 지속적 재생산   │
    │                 │              │  • 사업영역 재설정  │
    │                 │              │  • 조직활성화     │
    └─────────────────┘              └─────────────────┘
```

<그림 1> 사내기업가정신의 개념

사내벤처링의 목적

사내벤처링 활동은 그야말로 전세계적인 흐름이다. 이 글의 뒷부분에서 조금 더 살펴보겠지만, 전세계 주요 대기업은 물론이고 우리나라의 주요 기업들 모두 최근 수 년 사이 '사내벤처링' 활동에 동참하고 있다. 그러나 '사내벤처링' 활동에 대한 뜨거운 관심을 차치하고라도 잊지 말아야 할 것이 있다. 곧 '실망할 수 있다'는 점이다.

　많은 기업들은 사내벤처링 활동이 단기간 내에서 거대한 성장 동력을 만들어내줄 것이라고 기대한다. 우리나라의 경우 특히 사내벤처링 활동에 그런 기대를 하는 경영자들이 적지 않다. 그러나 사내벤처링 활동은 단기적인 재무성과 향상의 도구는 아니다. 학자들은 사내벤처링 활동이 기업에게 세 가지 성과를 가져다준다고 본다.[*]

첫 번째, 기업이 좀 더 스타트업 스러워지고, 변화를 수용하는 능력을 갖게 된다는 점이다. 내·외부 스타트업과 협업하면서 이런 변화를 경험한 기업들이 실제로 적지 않다.

두 번째, 다각화가 그러하듯이 자신의 역량을 기반으로 한 범위의 경제를 경험할 수 있다는 것이다.

세 번째, 단기적인 재무성과이다.

기업들은 사내벤처링 활동을 시작할 때 위와 같은 세 가지 목적 가운데 자신들이 어떤 목적을 추구하고 있는지 한번 생각해볼 필요가 있다. 특히 첫 번째 성과에 주목할 필요가 있다. 만약 기업 스스로의 변화를 추구하는 것이 아니라면 굳이 사내벤처링 활동을 추진할 필요는 없을지 모른다. 사내벤처링 활동은 기존 조직의 관행과 상이한 시장논리를 경험하도록 하기 때문에 자신의 변화를 목적으로 하지 않는 조직에게는 오히려 매우 불편한 일이 될 수도 있다.

[*] —— Miles and Covin, 2002

스타트업스러운 변화
: 전략적 기업가정신과 기업가지향성

앞에서 넓은 범위의 사내기업가정신은 기업이 스타트업스러워지는 변화^{전략적 기업가정신}를 포함하는 개념이라고 할 수 있다. 예컨대 GE가 패스트워크^{Fastworks}를 도입하였다거나 히다치^{Hitachi}가 자신의 사업포트폴리오를 완전히 재구성한 것과 같은 활동들이 바로 전략적 기업가정신의 사례라고 할 수 있다. 아직도 이 전략적 기업가정신에 대한 연구는 그리 깊숙히 진행되었다고 보기는 어렵지만, 대체로 기업들이 자신의 사업을 영위하고 있는 영역과 비즈니스모델을 재구성하는 활동들을 일컫는다고 할 수 있다.

생각해보면 그 어떤 기업도 장기적으로는 이와 같은 활동을 수행하지 않는 경우가 없다고 할 수 있다. 100년쯤의 시간을 되돌아보면 창업 시기와 같은 사업영역과 비즈니스 모델로 사업을 하고 있는 기업은 극소수에 지나지 않기 때문이다. 하지만, 전략적 기업가정신은 이와 같은 변화를 비교적 단기간에, 그리고 큰 폭으로 이루어내는 것을 의미하고 또 그것을 반복적으로 해낼 수 있도록 하는 조직의 변화를 일컫는 말이다.

전략적 기업가정신을 수행하는 기업들에게서 찾을 수 있는 공통점은 자신의 변화를 측정한다는 점이다. 즉 기업이 과거에 비해 제품, 시장, 프로세스 측면에서 얼마나 변화했는가를 측정하고, 동시에 산업의 관행을 얼마나 혁신하고 있는지(제품, 시장정의, 내부 프로세스 측면에서)를 지속적으로 측정하는 기업은 전략적 기업가정신의 개념을 이해하고 있다고 볼 수 있다.

기업들이 과연 이런 태도와 행동을 가지고 있는지 측정하려는 시도도 있다. 가장 널리 알려진 것은 기업가(적)지향성^{entrepreneurial orientation}이라는 개념이다. 코빈^{Covin}, 슬레빈^{Slevin}, 럼킨^{Lumpkin}, 그리고 데스^{Dess}와 같은 학자들에 의해 제안되고 측정된 이 변수늘은 개인수순에서만 측정되던 기업가정신을 기업수준의 변수로 끌어올렸다는 점에서 많은 관심을 받아왔고, 특히 기업가지향성이 기업의 재무적, 비재무적 성과와 연관되어 있다는 연구들이 속속 보고되면서 더 크게 주목받고 있다. 그러나 여전히 기업가지향성이 어떤 프로세스를 통해 기업의 성과에 영향을 미치는지에 대해서는 명쾌한 메커니즘 연구가 이루어졌다고 보기는 어렵다. 최근 국내 연구자들이 이 개념과 동적역량의 관계를 탐구하는 시도를 수행하였다.▪

▪ ——— Im & Kim, 2019

사내기업가정신의 실제

사내벤처링 활동의 분화와 성장

전세계적으로 사내기업가정신, 특히 사내벤처링 활동이 급성장하기 시작한 것은 2000년대 중반이라고 할 수 있다. 그리고 배경에는 '엑설러레이터 현상'이 자리하고 있다. 전통적으로 사내벤처링 활동은 직접육성과 벤처캐피탈 활용이라는 두 가지 방식에 의해 이루어져왔다. 사내의 새로운 아이디어를 사업화 하거나, 인수합병하는 방식이 직접육성이고, 벤처캐피탈을 설립하여 운영하거나 기존벤처캐피탈에 자신의 목적에 부합하는 펀드를 설립하여 투자자로서 활동하는 방식이 흔히 기업벤처캐피탈CVC방식이라고 할 수 있다.

그러나 2000년대 중반 이후 와이컴비네이터Y Combinator를 필두로 수많은 엑설러레이터accelerator들이 등장하여 성공사례를 만들어냄으로써, 소액투자, 단기집중육성이라는 엑설러레이터 방식이 사내벤처링 활동에 있어서도 하나의 대안으로 주목 받게 된 것이다. 이후 엑설러레이터들을 모방한 다양한 방식들, 예컨대 해커톤과 같은 방식들도 계속 사내벤처링 활동에 도입됨으로써, 〈그림 2〉와 같이 사내벤처링 활동의 도구는 점점 확대되어 나가고 있다.

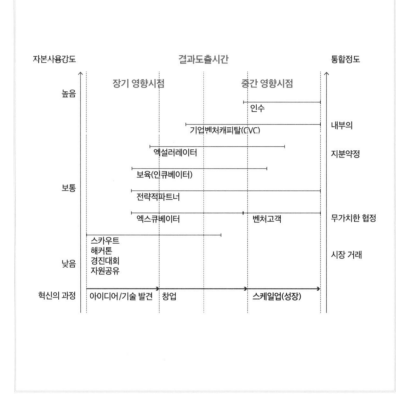

자본사용강도   결과도출시간   통합정도

장기 영향시점   중간 영향시점

높음

인수

기업벤처캐피탈(CVC)   내부의

엑셀러레이터   지분약정

보육(인큐베이터)

보통   전략적파트너

엑스큐베이터   벤처고객   무가치한 협정

스카우트
해커톤   시장 거래
경진대회
낮음   자원공유

혁신의 과정   아이디어/기술 발견   창업   스케일업(성장)

<그림 2> 사내벤처링 활동의 도구

소액투자, 단기집중육성이라는 엑셀러레이터 방식이 사내벤처링활동에 있어 하나의 대안으로 주목 받은 이후 해커톤과 같은 방식들도 도입되므로써 사내벤처링활동의 도구는 점점 확대되고 있다.

출처: IESE

이런 질적인 변화와 함께 양적인 성장도 계속 이루어지고 있다. 특히 기업벤처캐피탈의 폭발적인 성장은 주목할만한 일로서, 매년 십조 이상의 투자 자금이 추가되고 있는 것으로 나타나고 있다. 2000년 중반까지만 해도 전체 벤처캐피탈 자금의 10% 내외로 추산되던 기업벤처캐피탈은 이제 전체 벤처캐피탈 자금의 약 1/4 가량을 차지하는 것으로 보고되고 있는 정도이다. 특히 기업벤처캐피탈은 투자를 유망기업에 집중하는 성향을 보이고 있기도 하다. 이런 추세로 인해 전세계 유니콘들의 약 60% 이상이 기업벤처캐피탈의 투자를 받고 있는 것으로 나타난다. 이제 스타트업이 대기업과 협업하지 않으면 성공할 수 없다는 주장이 나오고 있는 배경이다.

우리나라의 CVC

안타깝게도 우리나라의 경우 기업벤처캐피탈의 투자를 확인할 수 있는 통계가 존재하지 않는다. 벤처캐피탈 관련 통계를 생산하는 주체도 분산되어 있고(창투조합은 중기부, 신기술 조합 및 벤처 PEF는 금융위, 기업 직접투자 일부는 공정위) 기업들이 자신의 투자를 널리 알려야 할 유인도 없기 때문이다. 그러나 최근 활동이 크게 증가하고 있는 것만은 분명하다.

최근 활발히 활동하고 있는 CVC로는 네이버, 삼성 벤처스, LG 테크놀로지 벤처스, 카카오벤처, GS홈쇼핑, 그리고 롯데엑셀러레이터 등을 들 수 있을 것이다. 특히 네이버와 GS홈쇼핑은 직접투자, 간접투자,

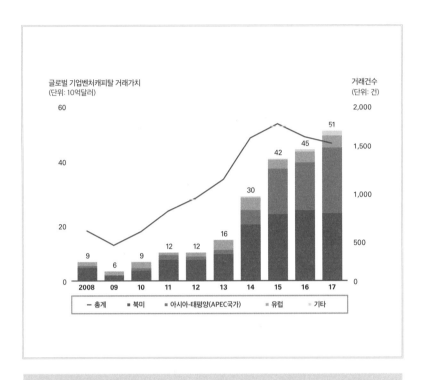

글로벌 기업벤처캐피탈 거래가치
(단위: 10억달러)

거래건수
(단위: 건)

― 총계   ■ 북미   ■ 아시아-태평양(APEC국가)   ■ 유럽   ▫ 기타

<그림 3> CVC의 투자추이

CVC는 대기업이 출자한 벤처캐피탈VC을 뜻한다. 대기업이 CVC를 별도로 두는 이유는 VC 활동을 통해 우량 스타트업(신생 벤처기업) 현황을 점검하다 사업에 필요하다고 판단되면 바로 인수합병에 나서는 식이다. 기술 개발에 드는 시간과 비용을 줄이겠다는 의도다. 스타트업들도 CVC의 투자를 환영한다. 금전적 지원 이외에 투자자의 지원을 기대할 수 있기 때문이다. 예컨대 구글 CVC인 구글벤처스의 투자를 받으면 구글의 네트워크에 올라타 신규 시장을 개척할 수 있다. 현재 국내에서는 약 40여 개의 기업이 CVC를 운영 중이다. 네이버는 벤처펀드를 '네이버벤처스'를 통해 운용하며, 창업보육, 경영 노하우를 전수하고 있다. 카카오가 운영하는 '케이큐브벤처스'도 초기 스타트업에 투자하였고, 삼성전자는 '삼성벤처투자'를 통해 전략적 투자를 진행 중이다.

출처: CBinsight

국내투자, 해외투자를 모두 구사하면서 극초기투자부터 대규모투자를 모두 실행할 수 있는 조직체계를 가지고 있다.

예를 들면 네이버는 D2SF를 통해 예비창업자 수준의 기술팀을 육성하고 수 천만 원에서 수 억 원 수준의 초기 투자를 실행하는가 하면, 2017년에는 배달의 민족 서비스를 운영하고 있는 우아한 형제들에 350억 원을 투자하였다. 이런 직접 투자 이외에 프랑스의 코렐리아 펀드에 2,000억 원 이상을, 우리나라의 창투 TBT에 약 1,000억 원을 출자자(LP)로 참여하여 간접투자도 활발히 진행하고 있다. GS홈쇼핑 역시 직접투자와 간접투자, 그리고 국내외 투자를 병행하고 있는데 최근 5년간의 활동을 통해 무려 400여 개의 투자를 집행한 바 있다.

최근 CJ, 신세계, 그리고 한진 등도 CVC의 설립을 신중하고 검토하고 있는 것으로 확인되고 있다. 그런데 현행 법제에 따르면 지주사들은 금융사를 보유할 수 없도록 되어 있다. 정부당국은 지주사에 편입되지 않은 계열사에 CVC를 설치하거나 벤처지주사제도를 통해 CVC를 운영할 것을 권고 하고 있으나 실제로 이것은 적절한 대안이 되기는 어렵다. 투자와 육성, 그리고 기업의 스타트업스러운 변화야말로 지주사의 주요기능이라고 할 수 있기 때문이다. 또한 벤처지주사 제도는 그 여러가지 단점으로 인해 사실상 사문화된 제도이기도 하다.

앞으로 이 문제가 어떻게 해결되는가에 따라 우리나라 CVC 활성화 여부가 결정될 가능성이 높다.

우리나라의 다양한 사내벤처링 활동

협업을 통한 프로그램

최근 주목할만한 새로운 경향은 기업들이 외부엑셀러레이터들과 적극적인 협업을 시도하고 있는 것이다. 이는 아주 바람직한 경향이라고 볼 수 있는데, 스타트업 생태계에 상대적으로 익숙한 엑셀러레이터와 기업이 상호학습의 기회를 가질 수 있을 뿐 아니라, 협업 대상 스타트업의 선택과정에서 내외부 시각을 서로 조화시킬 수 있기 때문이다.

이 같은 프로그램 가운데 대표적인 것은 아모레퍼시픽과 퓨처플레이가 진행하고 있는 테크 스타트업Tech Startups 프로그램이라고 할 수 있다. 육성대상 팀의 선정은 양사 공동으로 이루어지며, 스타트업 육성프로세서는 퓨처플레이가, 그리고 산업적 경험과 네트워크는 아모레퍼시픽이 담당하는 구조이다. 이 프로그램은 특히, 화장품 업계처럼 첨단기술과 큰 관련이 없는 것으로 여겨지던 분야에 다양한 스타트업이 존재할 수 있다는 점을 증명하면서 관련산업의 참여자들에게 신선한 충격을 주고 있다. 퓨처플레이는 이 성과에 힘입어 다양한 기업들과 유사한 프로그램을 운영하고 있다.

아모레퍼시픽 &
퓨처플레이가
함께 하는

AMORE PACIFIC
TechUP⁺
스타트업 모집

<그림 4> 아모레퍼시픽 사례

특정한 기술적인 영역에 집중하여 프로그램을 운영하는 경우도 있다. LG디스플레이는 신기술 스타트업 육성 프로그램인 '드림플레이 dream play'를 진행하고 있다. 드림플레이는 기술중심기업을 육성하는 전문 엑셀러레이터인 블루포인트 파트너스와 함께 진행하며 미래 디스플레이 분야의 독창적인 기술 혁신과 창의력을 겸비한 스

<그림 5> LG디스플레이 사례

타트업에 초점을 맞춘 기업육성 프로그램이다. 이런 프로그램은 사내 벤처링과 개방형 혁신을 조화시킨 좋은 사례라고 볼 수 있을 것이다.

내부 사내벤처 육성 프로그램

우리나라에서는 2000년대 초반, 내부에서 사내벤처를 육성하는 프로그램이 활발히 진행되었던 적이 있다. 그러나 네이버, 엔카 등 소수의 사례를 제외하면 별다른 성과를 창출하지 못하였고, 오히려 당시 이 프로그램에 참여했던 많은 직원들이 '회사의 현재 업무에 만족하지 않는' 사람들로 낙인찍히는 효과가 있었다. 그래서 우리나라의 기업들은 내부사내벤처 육성 프로그램을 그리 매력적인 대안으로 바라보지 않

는 경향이 있다.

　이와 같은 분위기에 신선한 충격을 준 것이 바로 삼성전자의 C-lab 프로그램이다. 처음에는 반신반의하던 사내 직원들에게 사업실행 재입사보장과 같은 파격적인 조건을 제공한 것도 효과적이었고, 분사된 기업이 경쟁사의 투자를 받아도 이를 제한하지 않는 등 유연한 태도를 지키고 있는 것도 좋은 성과의 한 이유라고 할 수 있다.

　C-lab에 자극받은 일부 기업들이 내부 사내벤처 육성을 시도하기 시작하였고, 특히 정부가 2018년 초부터 실시한 사내벤처육성 지원제도도 참여기업을 증가시키는데 일조하였다고 할 수 있다. 아직 그 성과는 좀 더 지켜볼 필요가 있겠으나, 내부 사내벤처 프로그램은 점점 확산되는 추세인 것만은 분명하다.

잠재적 걱정거리들

사내벤처 활동을 시작하는 기업들은 점차 증가하고 있지만, 기업내에서 실제로 이 활동을 담당하는 실무자들의 고민과 부담은 매우 크다. 우선 사내벤처 활동은 긴 호흡으로 접근하여야 하는 활동인데, 우리나라 기업들의 임원 임기는 매우 짧다는 것이 문제다. 초기 기업을 대상으로 투자 혹은 육성을 실행한다면 적어도 4-5년 이상은 해야 비로소 조금씩 성과가 나타나기 시작하는데, 우리나라 기업 임원들은 연간 성과에 의해 평가되는 것이 보통이고 따라서 담당 임원들에게 사내벤처링 활동이 그리 매력적이기는 어렵다. 이러한 문제를 해결하기 위해서는 담당 실무자, 임원들에게 사내벤처링 활동 고유의 속성을 반영하는 성과평가 지표가 마련될 필요가 있으며 혹은 일정한 기간 동안 성과평가를 면제하는(실제로 이런 기업이 존재한다) 파격적인 태도가 필요할 수도 있다.

또한 사내벤처링 활동이 피투자기업의 재무성과 뿐 아니라 기업의 변화를 추구하는 활동이라는 점이 좀 더 널리 인식될 필요가 있다. 대부분 40~50대 남자로 구성된 기업의 임원들이 20~30대의 다양성 높은 스타트업들과 협업하면서 새로운 기술, 태도와 생각을 학습하게 되는 것은 조직변화의 중요한 밑거름이 된다. 우리나라의 기업들이 아직 이 가치를 충분히 인식하는 것 같지는 않다.

기업의 사내벤처링 활동은 단지 해당 기업 뿐 아니라 스타트업 생태계에도 매우 긍정적인 영향을 준다. 투자자로서, 또 잠재적인 회수 채널로서 기업은 스타트업 생태계의 일원이 될 수 있으며, 또한 그래야 한다. 대기업의 투자를 탐욕스러운 것으로 간주하는 일부 정책당국자의 시각도 교정될 필요가 있는 이유이다.

사내벤처로 시작해
'성공 신화'를 쓴 기업들

사내벤처는 기업이 사내의 신사업 팀만으로는 달성할 수 없는 여러 전략적 목표를 달성하기 위해 내부 직원의 창업 및 독립을 지원하는 것이다. 그리고 기업의 전략적 목표에는 인사관리적인 목표도 있지만, 접근이 어렵거나 리스크를 줄이면서 새로운 사업 기회를 찾는 것도 포함된다. 그래서 사내벤처는 모험적 활동이고, 창의적이면서 혁신적인 기업가적 활동에 집중되어 있다.

사내벤처 기업으로 시작해 성공 신화를 써 내려간 기업들이 있다. 사내벤처의 장점인 혁신적인 아이디어, 빠른 의사결정을 발판 삼아 업계를 선도하는 기업으로 우뚝 올라섰다. 이들 기업의 사례는 수많은 사내벤처의 목표이자 성장의 원동력으로 통한다.

대표적인 기업으로는 올해로 창립 20주년을 맞이한 국내 최대 포털 사이트 네이버. 정보기술IT업계의 거대 공룡으로 자리매김한 네이버의 시작은 삼성SDS의 사내벤처였다. 설립과정도 흥미롭다. 네이버 창업자인 이해진 의장은 1992년 삼성SDS에 입사했다. 그는 재직 당시 지금의 네이버와 같은 '인터넷 서비스' 사업계획서를 제안했다가 회사로부터 퇴짜를 맞았다. 하지만 그는 포기하지 않았고, 이후 사내 벤처 제도를 활용해 이를 추진할 수 있었다. 이 의장은 1997년 '네이버 포트'라는 사업팀을 꾸렸고 1999년 '네이버컴'으로 독립했다. 2000년 에는 같은 삼성SDS 출신인 김범수 카카오 의장이 만들었던 '한게임'을 인수·합병M&A하며 몸집 불리기에 성공했다.

이후 인터넷 열풍을 타고 가입자가 폭발적으로 증가하면서 네이버는 검색포털 '네이버NAVER'뿐만 아니라, 전 세계 2억 명이 사용하고 있는 글로벌 모바일 메신저 '라인LINE', 동영상 카메라 '스노우', 디지털 만화 서비스 '네이버웹툰' 등을 서비스하고 있는 글로벌 ICT 기업으로 발돋움했다. 벤처 DNA를 탑재한 채 다방면으로 사업 영역을 넓히며 여

<그림 6> 네이버

전히 가파른 성장세를 이어 나가고 있다. 지난해에는 매출 54조 5,869억 원, 영업이익 9,425억 원을 기록했다. 2015년 처음으로 연 매출 3조 원을 달성한 데 이어 3년 만에 5조 원을 돌파한 것이다. 이에 따라 국내 인터넷 기업으로 최초로 연매출 5조 원, 연간 영업이익 1조 원 내외 달성이라는 기염을 내뿜었다.

<그림 7> 인터파크

1996년 탄생한 국내 최초의 인터넷 쇼핑몰 인터파크도 LG 데이콤(현재 LG 유플러스에 합병)의 사내벤처였다. 이기형 인터파크 회장은 데이콤 재직 당시인 1995년 사내벤처 육성 프로그램을 통해 인터넷 쇼핑몰을 제안했다. 이후 '데이콤-인터파크'를 설립, 전자상거래 시장을 열었다. 국제통화기금IMF 관리체제 시절 데이콤으로부터 지분을 인수하여, 지금의 인터파크로 독자 행보를 시작했다. 현재까지 다양한 전자상거래 사업을 설립·인수하면서 사세를 두루 확장 중이다. 인터파크는 또 다른 사내벤처를 만들어 성장시킨 것으로도 유명한데, 바로 '지마켓'이다. 인터파크는 지마켓을 사내기업으로 추가 설립해 국내 오픈마켓 시장을 주도하다가 2009년 미국 온라인 유통사인 '이베이'에 매각했다.

한편 국내 중고차 시장에서 인지도가 높은 'SK 엔카'도 사내벤처의 성공사례로 꼽힌다. 1999년 최태원 SK 회장의 비전 프로젝트로 사업

<그림 8> SK엔카

안이 제안되었다. 박성철 SK엔카 대표는 당시 SK(주)의 과장이었는데, 고심 끝에 만들어 낸 결과물이 바로 SK엔카의 비즈니스 모델이다. 준비 기간을 거쳐 2000년 1월 온라인 중고차 오픈마켓을 통해 본격적으로 중고차 시장에 뛰어들었고 이후 같은 해 12월 SK(주)의 별도 독립법인으로 분사해 SK 계열사로 편입됐다. 국내 중고차 시장은 SK엔카 이전과 이후로 나뉜다는 말이 나올 정도인데, SK엔카의 등장을 시작으로 중고차 시장에도 변화의 바람이 불기 시작한 것이다. 판매자와 소비자 모두가 투명하게 정보를 공유할 수 있도록 한 SK엔카의 전략에 시장은 즉각 반응했고 중고차 시장을 대표하는 전문 기업으로 순식간에 자리매김했다. 인지도를 바탕으로 '가장 많이 팔린 중고차', '소비자가 뽑은 올해의 차' 등 다양한 설문 조사를 실시, 자동차 업계에 만만치 않은 입김을 행사하고 있다.

해외사례를 살펴보면 '포켓몬 고'를 개발한 '나이언틱Niantic'이 있다. 전 세계적으로 사내벤처 열풍을 재점화한 주인공이라 할 수 있는데, 나이언틱은 구글에서 더욱 신속한 의사결정 및 프로젝트 진행을 위해 만든 사내벤처였다. 존 행크John Hanke 나이언틱 최고경영자 CEO는 원래 구글 부사장이었다. 그는 구글의 위성사진 서비스인 구글어스 창업 멤버로, 이전부터 위성항법장치 GPS와 지도 서비스에 관심을 두고 있었다. 순식간에 몸집이 커져 대기업이 된 구글에서 부사장 역할을 하는 것은 적성에 맞지 않는다고 생각한 그는 프로그램 개발에 대한 열망을 갖고 사내벤처인 나이언틱을 설립한 것으로 알려졌다. 나이언틱은 GPS와 증강현실을 기반으로 기존과 다른 차원의 게임을 보급하는 데 주력해 왔다. 그러던 2015년 구글이 지주회사로 변경하면서 구글로부터 독립했다. 현재는 일본 게임사 닌텐도와 산하 포켓몬 컴퍼니가 주요 주주다. 구글은 일부 지분을 가진 것으로 알려졌다. 즉, '포켓몬 고'는 구글의 사내벤처인 나이언틱의 기술과 닌텐도의 포켓몬 캐릭터들이 합쳐져 대박을 낸 사례다.

　일본에서는 편의점 '세븐일레븐'을 탄생시킨 세븐&아이홀딩스의 사례가 있다. 스즈키 도시후미 세븐&아이홀딩스 회장은 일본을 대표

<그림 9> 세븐일레븐

하는 슈퍼마켓 업체이자 세븐&아이홀딩스의 전신인 이토요카도에서 근무했다. 그는 미국 출장에서 세븐일레븐이라는 편의점 형태의 매점을 처음 접하고 이를 일본에 도입해야겠다는 생각으로 회사의 사내벤처로 세븐일레븐재팬을 설립했다. 당시 일본의 유통시장은

대형마트가 장악하던 시기였는데, 중소 소매점만의 독특함을 내세워 차별화된 장사를 한다면 충분히 성공할 수 있다는 판단에서였다. 그는 미국 세븐일레븐 본사로부터 받은 노하우를 일본식으로 수정했다. 그 결과 미국 본사를 능가하는 실적을 올렸고 결국 미국 본사까지 매수하기에 이른다. 이토요카도는 미국 본사를 자회사로 편입한 뒤 지금의 세븐&아이홀딩스로 사명을 변경했다. 스즈키 회장은 공로를 인정받아 그룹 총수에 앉게 되었다.

신성장 동력을 찾아서

사내벤처 붐은 4차 산업혁명 시대와 함께 다시 일고 있다. 이번에는 자동차, 철강 등 전통적인 제조업계에서 그 분위기가 거세다. 세계적인 경기 부진과 포화 상태에 다다른 시장은 기업이 더는 기존 방식으로는 성장할 수 없게 만들었다. 이것이 신성장 동력을 찾아야 하는 이유다.

포스코는 지난달 말 그룹의 사내 벤처 '포벤처스Poventures' 1기 12개 팀을 출범시켰다. 도전적이고 창의적인 조직문화를 만들고 미래 신성장 사업을 발굴한다는 목적으로 포스코는 지난 6월 사내벤처 제도를 도입하고 그룹사 임직원들을 대상으로 아이템 공모에 나섰다. 이들은 환경자원, 제어·계측, 소재, 건축 등 다양한 분야의 아이템을 제시했다.

현대·기아차는 사별로 3~5년의 육성 및 준비 기간을 거쳐서 올해 3

개 사내벤처를 독립 기업으로 분사했다. 바로 '엠바이옴', '튠잇', '폴레드'다. 이들은 자동차 실내 공기질 케어, 차량 개인화 기술, 주니어 카시트 등 자동차와 관련된 기술을 보유한 유망 스타트업들이다. 무엇보다 4차 산업혁명은 제조업과 그 결과물의 형태를 바꿔놨다. 대부분의 과정에 인간이 개입해야 했던 생산공장은 ICT 기반의 스마트팩토리로, 자동차는 내연기관차에서 친환경 차와 자율주행차로 변신했다. 완성차 회사는 자동차를 만들기만 하던 전통적 모습에서 각종 모빌리티 서비스를 제공하는 회사로 탈바꿈하고 있다.

유통업계에서도 신성장 동력을 찾기 위한 사내벤처는 활성화되고 있다. 마케팅 채널 다변화, 수요 세분화로 기존 방식으로는 매출을 증대하기 어려운 탓이다.

신세계인터내셔날은 사내 벤처팀 'S.I_랩'을 통해 신진 디자이너 및 유명 인플루언서와 협업해 한정판으로 상품을 기획하고 특정 시간에 독점 판매하는 '드롭스Drps'를 기획했다. 신제품을 떨군다는 의미의 '드롭Drop'은 한정판 제품을 일시적으로 판매하는 마케팅 기법으로 최근 글로벌 패션 업계를 중심으로 떠오르고 있는데 한정판을 좋아하고 자신의 경험을 소셜미디어를 통해 공유하는 것을 즐기는 밀레니얼 세대 이후를 겨냥한 것이다.

산업의 경계가 모호해지고 변화 속도가 빨라지면서 일자리 창출과 창업문화 확대 등의 책임을 진 만큼 사내벤처 투자는 더욱 확대되어야 한다.

'혁신'이란 단어는 그 가치에 대한 과장된 선전과,

아무 곳에서나 쓰이는 남용으로 인해 매력을 크게 잃었다.

그럼에도 불구하고 혁신을 고민할 수밖에 없는 것은,

이미 환경의 변화 속도가 일반적인 개체의 적응 속도를

뛰어넘어 버렸기 때문이다. 그래서 혁신은 어쩌면 현시대에

적응하기 위한, 각 주체의 불가피한 안간힘으로

정의되어야 할지도 모른다는 생각이다.

인간은 혁신의 주체이면서 동시에 수용자이기 때문에

혁신성장의 성패는 그 지역·시대·국가의 인적자원에 거의

전적으로 좌우될 수밖에 없다.

혁신성장과 관련해서 기술이나 규제, 자금의 문제는

빈번하게 인력양성과 교육이 간과되고 있어 크게 우려된다.

김도현

현재 국민대학교 글로벌창업벤처대학원장인 저자 김도현
은 국민대학교 창업지원 단장과 한국벤처창업학회 회장을
역임했고, The Boston Consulting Group 컨설턴트 및 하
버드대학교 방문학자로 지낸 바 있다.

금융

혁신성장을 위한 벤처캐피탈
산업구조 개편

기업이 국가 경제의 뼈대라면, 금융은 이를 유지시켜 주는 동력원이
라고 할 수 있다. 그리고 이것은 혁신성장을 위해 빠질 수 없는 부분
이다. 우리나라 벤처캐피탈 산업의 발전 수준은 어느 정도일까? 사
실, 구조적 문제점에 대한 심도 있는 논의가 필요한 시점이다. 세계
최고 수준으로의 도약을 위해 구조 개혁 방안이 제시되어야 한다.

유니콘 벤처 시대,
벤처 생태계의 과제

스마트폰의 등장과 더불어 시작된 모바일 인터넷 혁명으로 최근 10년
간 페이스북, 링크드인, 우버, 에어비엔비, 샤오미, 디제이아이 등과 같
이 상장 전 기업가치 10억 불 이상의 초대형 스타트업 기업들이 미국
과 중국 그리고 유럽에서 우후죽순처럼 나타나고 있다. 유니콘이라고
불리는 이들 고성장 벤처기업들은 혁신적인 기술을 적용한 새로운 비
즈니스 모델로 신산업을 개척해 나가고 있다. 이들이야말로 향후 글로
벌 시장에서 4차 산업혁명과 혁신성장을 주도해 나갈 것이다.

　1997년 외환위기 직후 김대중 정부에서 시작된 한국의 벤처 육성 정
책은 그동안 8만 개가 넘은 벤처기업을 키워냈으나, 그중에서 유니콘
벤처로 불릴 만한 기업은 쿠팡과 엘로우 모바일 등 극소수이다. 대부
분의 벤처기업들이 창업 후 5년 이내에 망하고, 성장한 기업들도 년 매
출 500억 내외에서 성장을 멈춘다. 그 이유는 대부분의 벤처기업들이
내수시장과 대기업 수요에 의존하고 있기 때문이다. 저성장과 일자리
부족에 직면한 한국경제가 혁신성장을 이루어 내기 위해서는 유니콘
벤처와 같은 고성장 벤처기업들이 많이 탄생하고 성장하여야 한다.

　실리콘 밸리와 같이 유니콘 벤처를 잉태하고 키워낼 수 있는 벤처 생

태계가 우리나라에 만들어지기 위해서는 기업가에 대한 교육 시스템, 벤처의 창업과 성장에 대한 정부의 지원 제도, 인큐베이터와 액셀러레이터 등과 같은 벤처 생태계 구성 요소들의 발전이 요구된다. 그 중에도 특히 벤처캐피탈 산업이 고도로 발전해 있어야 경험과 열정을 갖춘 젊은 기업가들이 좋은 직장을 포기하고 창업에 도전할 수 있게 된다.

이어지는 부분을 통해서 나는 우리나라 벤처캐피탈 산업의 발전 수순과 구조적 문제점을 분석하고 세계 최고 수준으로 도약시키기 위한 구조 개혁 방안을 제시해 보려고 한다.

벤처캐피탈 산업의
현황과 구조적 문제점

우리나라 벤처캐피탈의 펀드 결성 추이를 살펴보면 다음 〈그림 1〉과 같다. 연간 신규로 조성되는 펀드의 수는 2013년 54개에서 2017년 164개로 매년 크게 증가해 왔으며, 연간 펀드에 출자된 금액도 1조 7천억 원 규모에서 4조 9천억 원 규모로 3배 가까이 성장하였다.

〈그림 1〉과 같이 최근 들어 조성된 펀드의 수와 자금 규모가 크게 증가하였으나, 미국, 이스라엘, 중국 등 세계 정상급 국가들과 비교하면

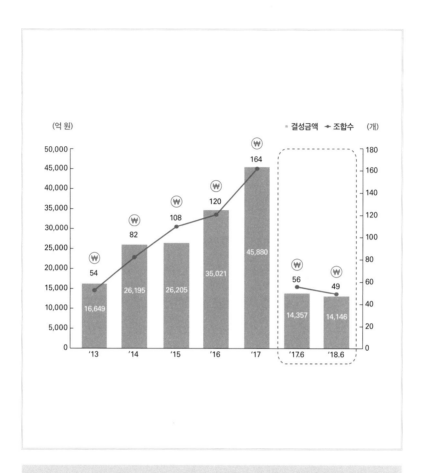

<그림 1> 벤처캐피탈 펀드의 결성 추이

연간 신규로 조성되는 펀드의 수와 출자된 금액도 매년 크게 증가해 왔다. 하지만 엔젤투자 펀드나 엑셀러레이터 펀드와 같이 창업 단계에 투자하는 펀드가 전체 펀드에서 차지하는 비중은 금액 기준으로 전체의 1% 밖에 되지 않는 등 창업 초기 단계에 투자되는 펀드가 매우 빈약한 실정이다.

출처: 벤처캐피탈협회, <VC Discovery>, 2018. 8

한국의 모험자본 규모는 여전히 매우 작은 규모이다. 미국과 이스라엘의 경우 GDP 대비 모험자본의 벤처기업 투자액 비중은 각 각 0.28%, 0.38%인 반면 우리나라는 0.06%로 1/4수준이다." 특히 엔젤 투자 펀드나 엑셀러레이터 펀드와 같이 창업 단계에 투자하는 펀드가 전체 펀드에서 차지하는 비중은 금액 기준으로 전체의 1% 밖에 되지 않는 등 창업 초기 단계에 투자되는 펀드가 매우 빈약한 실정이다.

국내 벤처캐피탈 펀드 규모가 크게 성장하지 못하고 있는 이유는 펀드 조성에 있어서 정부의 정책자금에 대한 의존도가 여전히 높기 때문이다. 다음 〈표 1〉에 나타난 것과 같이, 벤처 투자 펀드에 대한 정부 정책 자금의 출자 비율은 2013년 33%에서 2017년 31%로 크게 개선되고 있지 않으며, 금융기관의 출자 비율은 2013년 27%에서 2017년 24.5%로 낮아졌으며, 벤처캐피탈의 자체 투자 비중도 같은 기간 13.1%에서 10.6%로 낮아졌다. 일반 법인의 투자도 14.4%에서 12.5%로 낮아졌으며, 개인이나 외국인 투자는 2-3%로 매우 낮은 수준이다. 이러한 수치는 기업이나 가계에 축적된 여유 자금이 벤처 투자 펀드로 충분히 유입되고 있지 않음을 의미한다.

벤처 펀드 조성에 있어서 정부 정책 자금에 대한 의존도가 높은 이유는 민간의 벤처캐피탈 산업이 자생적으로 발전하지 못한 상황에서 발

■ ──── 〈혁신성장을 위한 자본시장의 역할〉, 김종민, 2018

(단위: %)

조합원 유형	2013	2014	2015	2016	2017	2017.1	2018.1
정책기관	33.0	16.5	29.7	27.1	31.0	0.0	27.8
(모태)	31.8	14.3	23.1	20.1	25.3	0.0	20.8
금융기관	27.0	22.7	24.9	24.0	24.5	16.8	27.7
(산은/정금)	16.4	12.2	4.3	6.4	5.2	0.0	3.2
연금/공제회	8.5	20.2	4.4	9.9	9.6	0.0	28.3
벤처캐피탈	13.1	11.4	12.0	13.4	10.6	10.5	8.6
일반법인	14.4	9.7	13.7	14.5	12.5	41.3	5.1
기타단체	0.9	13.0	9.7	8.0	9.0	30.1	2.1
(성장사다리)	0.0	11.4	8.4	4.2	3.2	18.8	0.0
개인	1.8	3.3	3.6	2.1	1.8	1.3	0.4
외국인	1.3	3.2	2.0	1.0	1.0	0.0	0.0
계	100.0	100.0	100.0	100.0	100.0	100.0	100.0

<표 1> 벤처 투자 펀드의 자금원별 출자 비중

국내 벤처캐피탈 펀드 규모가 크게 성장하지 못하고 있는 이유는 펀드 조성에 있어서 정부의 정책자금에 대한 의존도가 여전히 높기고 이것은 민간의 벤처캐피탈 산업이 자생적으로 발전하지 못한 상황에서 발전된 독특한 펀드 조성 시스템에 기인한다.

출처: 벤처캐피탈협회, <VC Discovery>, 2018. 8

전된 독특한 펀드 조성 시스템에 기인한다. 그동안 정부는 한국벤처투자(KVIC)가 운용하는 모태펀드를 조성하여 민간 벤처캐피탈들이 조성하는 펀드에 20-60%의 비율로 출자를 해 왔다. 벤처 투자 펀드에 정부가 선도적인 출자를 하고, 펀드가 투자 손실을 입었을 경우, 정부 출자금이 손실금을 우선 충당하도록 하여, 민간 출자금의 수익성을 보장하는 시스템이다. 이는 벤처 투자 펀드에 대한 민간의 투자를 유인하기 위한 정책이었다. 그러나 이러한 펀드 조성 시스템 하에서 민간의 투자는 정부 출자금에 비례해서 늘어나거나 줄어들게 되었을 뿐, 정부의 기대와는 달리 민간의 투자를 획기적으로 증대 시키지 못하였다. 거의 모든 벤처 투자 펀드들이 정부의 모태펀드의 출자를 받아 조성되고 있으며, 순순 민간 자금만으로 조성되는 벤처 투자 펀드는 매우 작은 규모이기 때문이다.

한편, 벤처캐피탈이 조성한 펀드가 벤처기업에 투자한 실적을 살펴보면 다음 〈그림 2〉와 같다. 2013년에는 755개 벤처기업에 총 1조 4천억 원이 투자되었던 것이 2017년에는 1,266개 기업에 총 2조 4천억 원 투자 규모로 증가하였다. 앞서 설명한 대로 이 기간 동안 신규로 조성되는 벤처 투자 펀드의 규모가 증가하면서 펀드가 벤처기업에 투자한 건수와 투자금액도 두배 가까이 증가하였다. 그 결과 2017년 기준으로 누적된 벤처 투자액은 총 3,649개 기업에 총 7조 7천 원이다.

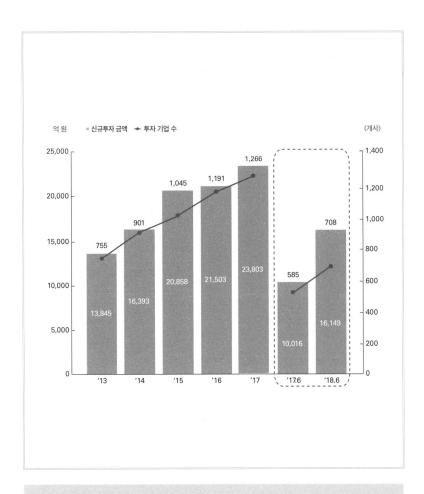

<그림2> 벤처캐피탈의 신규 투자 실적

연간 신규로 조성되는 펀드의 수와 출자된 금액은 매년 크게 증가해 왔으나 창업 단계에서 투자하는 펀드가 전체펀드에서 차지하는 비중은 1% 밖에 되지 않는 등 초기투자 펀드는 매우 빈약한 실정이다.

출처: 벤처캐피탈협회, <VC Discovery>, 2018. 8

하지만 이러한 투자에도 불구하고, 우리나라 전체 벤처기업 약 3만 5천 개 중에서 벤처 투자 펀드로부터 출자를 받은 기업은 3.6%로 극소수에 불과하다. 전체 벤처기업들이 조달한 신규 자금 중에서 벤처 투자 펀드의 출자금은 0.1% 밖에 안되며, 대부분의 소요 자금은 창업자의 개인 투자나 정부의 보조금 또는 은행 차입으로 조달되었다.[•]

지난 5년간 벤처 투자 펀드의 연간 투자 건수나 실적이 크게 증가하였음에도 불구하고, 벤처기업의 투자 수요에 크게 못 미치고 있는 상황이다.

벤처기업에 대한 펀드의 투자가 적은 것도 문제지만, 더 큰 문제는 창업 초기 단계에 있는 기업에 대한 펀드의 투자가 적다는 것이다. 창업 후 3년 이내의 벤처기업에 대한 투자 금액은 전체 투자의 32.7%에 불과하며, 전체 투자의 40%가 창업 후 7년이 지난 기업들에 투자되고 있다.[••] 2017년 기준으로 한해 동안 창업 3년 이내인 기업들 중에서 570개 기업 만이 벤처 투자 펀드로부터 출자를 받은 것이다. 모험자본에 대한 수요가 많은 창업 단계 기업들이 위험도가 낮은 성장 후기 단계 벤처기업들에 비해 투자 펀드의 출자를 받기 어려운 상황이다. 그 이유는 벤처 투자 펀드가 정부의 선도 출자를 통해 조성되었지만, 펀드

■ ──── 벤처기업협회, 〈벤처기업 정밀 실태조사 결과〉, 2017
■■ ──── 벤처캐피탈협회, 〈VC Discovery〉, 2018. 8

를 운영하는 민간 벤처캐피탈이 투자 수익을 극대화하기 위해 위험도가 높은 창업 초기 단계 벤처기업에 대한 출자를 회피하고 있기 때문이다.

벤처 투자 펀드에 민간 자금의 출자가 늘지 않는 이유 중 하나는 투자 펀드의 수익률이 위험률에 비해 높지 않기 때문이다. 2006년부터 2015년까지 해산된 벤처 투자 펀드의 내부수익률^{IRR}은 5% 내외였다. 역설적이게도, 우리나라의 벤처캐피탈들이 창업 초기 단계 벤처 기업에 대한 투자를 회피하고 성장 단계에 진입하여 매출과 영업이익을 실현하는 기업 만을 골라 보수적으로 투자하고 있지만 투자 수익률은 민간 투자자의 기대만큼 높지 않은 것이다.

이렇게 벤처 투자의 수익률이 높지 않은 이유 중 하나는 벤처 투자의 회수 시장이 제대로 형성되어 있지 않기 때문이다. 벤처기업에 투자된 펀드의 출자금은 주식시장을 통하거나 M&A를 통해 회수되어야 한다. 우리나라에서 벤처 투자 펀드가 출자한 벤처기업들 중에서 주식시장에 상장한 기업들의 수는 2013년 27개 기업에 불과하였으며, 2017년에는 40개 기업으로 그 수가 증가하였으나 투자 기업 수에 비해 많다고 할 수 없다. 벤처기업에 대한 투자를 회수하는 또 다른 방법인 M&A를 통한 회수 비율은 3.2%에 불과하다. 미국과 이스라엘의 경우 M&A를 통한 회수 비율이 전체 벤처 투자의 80% 이상임을 고려할 때, 우리나라의 벤처캐피탈은 투자를 회수하는 방법은 제한적이다. 상장을 하거나 창업자 등 기존 주주에게 주식을 되파는 방법이 주로 사용되고 있는 것이다.

투자 회수 시장이 발달되어 있지 못한 것이 벤처 투자의 수익성을 저해하여 민간의 벤처 투자를 유인하지 못하는 하나의 원인이지만 이것이 본질적인 문제는 아니다. 보다 본질적이고 근원적인 문제는 역량 있는 기업가들에 의해 성장 잠재력이 우수한 벤처기업들이 창업되지 않는 데 있다. 좋은 씨앗들이 심어지고 있지 않기 때문에 우수한 열매를 기대할 수 없는 상황이다.

성장 잠재력을 갖춘 우량 벤처기업들이 창업 못하는 이유는 이들 기업에 충분한 모험자본의 공급이 이루어지고 있지 않기 때문이다. 정부가 조성한 모태펀드로부터 자금을 출자 받은 벤처 투자 펀드들이 수익성을 이유로 높은 위험을 지닌 씨앗 상태의 벤처기업에 투자를 기피하면서, 씨앗이 파종 되어 잎이 자라고 꽃이 피기만을 기다리고 있다. 정부가 민간이 조성하는 벤처 투자 펀드에 매칭 방식으로 출자하는 수동적 역할만 하면서, 우리나라 벤처 생태계에서 실패 위험을 과감히 감수하면서 벤처기업의 씨앗을 파종하는 정부의 적극적 역할은 실종된 것이다. 그 결과 벤처 투자를 위해 출자되는 정부 정책 자금의 규모가 크게 증가했음에도 민간의 모험자본 시장은 충분히 발전하지 못하고 있는 것이다.

벤처캐피탈 산업에 관한
정부 정책에 대한 평가

문재인 정부는 2017년 11월 '혁신창업 생태계 조성방안'을 발표 했고, 그 중 모험자본 시장과 벤처캐피탈 산업에 관한 내용은 다음과 같다.

첫째, 정부와 민간의 공동 투자로 3년간 10조 원 규모의 혁신모험펀드를 조성하여 창업벤처와 더불어 4차 산업혁명을 주도하는 중소벤처기업에 투자하겠다는 계획이다.

둘째, 클라우드 펀딩과 창업투자회사 등이 조성하는 투자 펀드와 운용 주체에 대한 각종 규제를 완화하겠다는 것이다.

셋째, 엔젤투자, 우리사주, 공모형 창투조합 등과 관련한 민간의 투자에 대해 세제 혜택을 확대하겠다는 것이다.

넷째, 코스닥과 코넥스 시장 등 벤처기업 주식의 거래 시장을 활성화하기 위해 규제를 완화하겠다는 것이다.

다섯째, 민간의 엔젤, 엑셀러레이터 또는 벤처캐피탈이 투자한 벤처기업에 정부의 R&D 자금을 보조금 형태로 지원하는 기술창업 지원 프로그램TIPs을 확대하겠다는 것이다.

문재인 정부의 이러한 정책들은 과거 이명박 정부나 박근혜 정부에서 추진했던 정책의 연장선에 있다. 문재인 정부도 이전 정부와 마찬가지로 민간 주도의 창업벤처 생태계 조성을 정책의 기본 방향으로 설정하면서 정부의 역할을 민간 투자에 대한 매칭 펀드 제공, 그리고 민간 투자에 대한 각종 규제 완화와 세금 깎아주는 정책을 반복하고 있는 것이다. 혁신 창업에 내재된 위험 부담을 정부가 분담하거나, 모험자본의 수급 불균형 해소를 위해 정부가 투자자로 시장에 적극적으로 개입하겠다는 등 국가의 적극적인 역할에 대한 계획은 없는 것이다.

이러한 정부 정책은 민간 투자자들이 성장성 있는 벤처기업을 선별하는 능력이 우수함으로 정부는 이들이 능력 발휘를 할 수 있도록 돕기만 하면 된다는 논리이다. 그렇게 민간 주도의 투자가 이루어져야 투자 대상의 성공 확률이 높아지고, 정부의 지원 효과도 극대화된다는 것이다. 이러한 논리는 벤처캐피탈을 포함한 모험자본 시장이 시장실패 없이 매우 효율적으로 작동할 것이라는 가정을 갖고 있다. 자유주의 시장경제에 대해 강한 문제의식을 갖고 있는 문재인 정부가 유독 혁신성장 정책 그중에서도 특히 시장실패가 명백한 창업벤처 정책만은 신자유주의 내지 보수주의 경제정책 노선을 강하게 견지하고 있는 것이다.

앞서 지적되었듯이, 문재인 정부가 이전 정부를 따라 하고 있는 정책 중 하나가 민간 벤처캐피탈 펀드나 사모펀드에 정부와 정책 금융 기관의 자금을 매칭하여 창업벤처에 대한 투자를 확대하겠다는 것이다. 그러나 이렇게 조성된 펀드들은 정부의 기대와는 달리 창업 단계에 있거나 장기간의 연구개발과 많은 투자가 요구되는 벤처기업과 같은 고위험 벤처기업들에는 제대로 투자를 하지 않는다는 것이 과거 정부의 경험이다. 서로 상반된 목표를 갖고 있거나 갖고 있어야 하는 정부 투자금과 민간 투자금이 한 주머니에 섞이면서 둘 사이의 이해관계가 충돌하는 것이다.

정부의 벤처 투자금을 전적으로 민간 펀드에 매칭 방식으로 출자하는 한편, 민간 벤처캐피탈들은 정부 출자금에 의존하여 펀드를 조성하고자 하게 되면, 순수 민간 모험자본 시장은 활성화되지 못한다. 정부가 출자한 민간 벤처 투자 펀드에 대해 수익성 이외에 다른 목표를 제시하는 만큼 민간 투자자들의 기대 수익률은 낮아지게 될 것이기 때문에, 정부의 투자가 민간의 투자를 유인하지 못하고, 오히려 쫓아내는 이른바 '구축효과'가 나타날 수 있다. 그동안 우리나라의 벤처캐피탈 시장에서 모태펀드, 정책금융기관, 국민연금 등 정부의 영향력 하에 있는 투자자들 중심으로 투자 펀드가 조성이 되어 왔고, 일반 상업은행이나 민간 자본의 투자가 저조했던 이유도 이러한 구축 효과가 존재했기 때문이다.

정부가 모험자본과 벤처캐피탈 시장에서 적극적인 역할을 방기하는 신자유주의적 정책노선을 견지하면서 나타나는 또 다른 심각한 폐해는 모험자본의 수급 불균형과 그에 따른 창업벤처 생태계의 기형적 성장 내지 불균형 발전이다. 정부와 정책 금융기관의 자금을 투자 받아 조성된 민간 펀드들이 고위험 벤처기업에 대한 투자를 회피하고 기술 개발과 시장 진입에 성공한 벤처기업들에 투자를 집중하고 있다. 이에 따라 창업 초기 기업 등 고 위험 벤처기업들에게는 모험자본이 과소 공급되고 있는 반면, 상장 직전의 벤처기업들에 대해서는 투자금이 과대 공급되면서 투자 기업의 가치에 거품이 낌으로 인해 벤처 투자 펀드의 투자수익률이 증가하지 못하고 있다.

나아가 모험자본의 수급 불균형은 창업벤처 생태계의 기형적 성장과 불균형 발전을 초래하고 있다. 창업 단계에서 모험자본의 투자를 유치하기 어렵다는 점은 유망한 벤처기업들의 창업 부진을 초래하고 있다. 유망한 벤처 창업이 이루어지기 위해서는 창의적인 아이디어를 갖고 있는 역량 있는 창업팀이 창업 단계에서 모험자본으로 충분한 투자를 받아야 한다. 그러나 창업 단계에 대한 모험자본의 투자가 매우 적게 이루어지면서, 우수한 사업 아이디어와 기술을 갖고 있는 인력들이 창업을 통해 벤처 생태계로 진입하지 못하고 있다.

독일 연방 정부의
HTGH 사례와 시사점

'창업벤처 생태계와 벤처캐피탈 산업에서 정부가 어떠한 역할을 하는 것이 생태계의 건전한 발전을 이룰 수 있는가?'라는 물음에 대한 해답의 실마리는 독일 연방 정부가 주도하여 설립한 하이테크 그랜더펀드High-Tech Gründerfonds, HTGF ▪의 성공적 운영 사례에서 찾을 수 있다. HTGF는 2005년 메르켈 정부의 출범과 더불어 독일 연방정부와 연방공공개발은행(KfW)이 독일 화학그룹인 바스프BASF, 지멘스Siemens, 도이치텔레콤Deutsche telekom 등 대기업과 공동으로 투자하여 설립 한 창업 초기 기업 투자 전문 펀드이다. 총 자본금 892.5백만 유로(1조 1,600억 원)중 독일 대기업들이 출자한 비중은 10% 미만이며, 대부분의 자금은 연방정부의 출자로 조성되었다.

▪ ——— High-Tech Gründerfonds(HTGF)는 독일 본에 위치한 공공–민간 벤처캐피탈 투자회사다. HTGF는 잠재적인 하이테크 스타트업에 초점을 둔 초기단계의 초기투자자로, 시드 파이낸싱은 스타트업이 프로토타이핑 단계를 통해 아이디어를 시장에 출시 할 수 있도록 제공된다. 일반적으로 HTGF는 시드 단계에 최대 백만 유로를 투자하고 이후 라운드에서 포트폴리오 회사 당 총 3백만 유로를 투자한다.

HTGF는 'HTGF Management GmbH'라는 독립된 펀드 관리 회사의 전문 경영인과 벤처 인큐베이션 전문가들에 의해 위탁 운용되고 있다. 이들 전문가들은 창업 단계 또는 창업 후 1년 미만의 벤처기업에 HTGH의 자금을 투자하고, 투자된 기업에 대해서는 기술 개발 및 사업화 과정에서 엔젤투자자와 대학의 연구자들의 자문을 받을 수 있도록 하여 성장을 가속화시키고 있다. 특히 HTGF의 투자를 받은 기업들을 대상으로 하여 국내 또는 해외의 민간 벤처캐피탈의 후속 투자를 유치하는 활동을 지원한다.

독일의 연방정부가 창업 단계에 전문적으로 투자하는 HTGF 펀드를 정부 주도로 설립하여 운영하게 된 계기는 기존의 벤처캐피탈 산업 지원 정책에 대한 반성이었다. HTGF 설립 이전 독일 연방정부는 지금의 한국 정부와 마찬가지로 민간 벤처캐피탈이 조성하는 벤처 투자 펀드에 연방정부의 자금을 매칭 방식으로 출자해 주었다. 독일 정부도 역시 정부 자금의 매칭을 통해 보다 많은 민간 벤처 투자 펀드들이 조성되고, 창업 초기 기업을 포함한 벤처기업에 더 많은 투자가 이루어지길 기대했던 것이다. 그러나 2000년 세계적인 벤처 버블 이후 독일 내에서 벤처기업에 대한 민간 펀드들의 투자는 지속적으로 감소하였다. 특히, 창업 초기 단계 기업에 대한 투자는 2000년 대비 1/10 수준으로 크게 감소하였다. 이러한 상황에서 독일 연방정부는 벤처캐피탈 산업에 대한 정부의 개입 방식을 획기적으로 개혁하였다. 그런데 민간 벤처

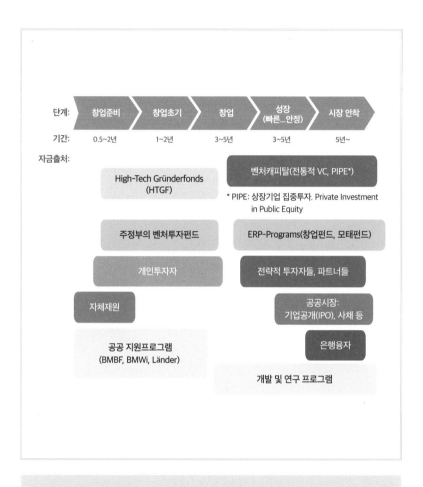

단계: 창업준비 ▸ 창업초기 ▸ 창업 ▸ 성장 (빠른...안정) ▸ 시장 안착

기간: 0.5~2년   1~2년   3~5년   3~5년   5년~

자금출처:

High-Tech Gründerfonds (HTGF)

벤처캐피탈(전통적 VC, PIPE*)

* PIPE: 상장기업 집중투자. Private Investment in Public Equity

주정부의 벤처투자펀드

ERP-Programs(창업펀드, 모태펀드)

개인투자자

전략적 투자자들, 파트너들

자체재원

공공시장: 기업공개(IPO), 사채 등

공공 지원프로그램 (BMBF, BMWi, Länder)

은행융자

개발 및 연구 프로그램

\<그림 3\> 독일의 벤처 성장 단계별 민간과 정부 투자의 역할

독일의 HTGF 성공 사례는 벤처캐피탈 산업 육성을 위해서 공공 투자 펀드와 민간 벤처 투자 펀드가 서로 역할을 분담해야 하며, 우량 벤처기업들을 만들어 내기 위해서는 정부의 적극적인 투자 지원이 필요하다는 것을 시사한다.

출처: 혁신성장을 위한 자본 시장의 역할〉, 김종민, 2018.

투자펀드에 대한 매칭 방식의 출자를 중단하는 대신, 정부 주도로 창업 초기 단계 전문 투자 펀드인 HTGF를 설립하여 운영하게 된 것이다.

이로써 독일에서는 다음 〈그림 3〉과 같은 형태로 벤처 생태계 내에서 정부와 민간 벤처캐피탈이 역할을 분담하는 체계가 갖추어졌다. 창업 준비단계에서 창업 단계, 그리고 창업 초기 단계에 대한 투자는 HTGH와 주정부의 벤처 투자 펀드 등 공공 성격이 강한 펀드들이 맡고 국내외 민간 벤처캐피탈의 투자와 은행의 융자는 성장기에 진입한 벤처기업들을 대상으로 하는 체계이다. 독일에서는 HTGF를 통해 이러한 공공과 민간의 역할 분담 체계가 도입되면서, 민간 투자 펀드의 투자가 크게 늘기 시작하였다. 2013년의 경우, HTGF가 15백만 유로를 투자한 창업 초기 벤처기업들이 총 1억 86백만 유로의 후속 투자를 국내외 민간 펀드로부터 유치하였다.

여기서 연방 정부의 HTGF 성공 사례가 시사하는 바를 알 수 있다. 그것은 벤처 생태계의 건전한 발전과 벤처캐피탈 산업 육성을 위해서는 공공 투자 펀드와 민간 벤처 투자 펀드가 서로 역할을 분담해야 한다는 것이다. 정부 주도로 설립된 공공 투자 펀드는 창업 단계에 투자를 집중하여 우량 벤처의 씨앗을 심는 역할을 수행하여야 한다. 그래야 그 씨앗들이 성장하는 단계에 민간 벤처 투자가 유입됨으로써 전체 모험 자본 시장의 규모가 커진다는 것이다. 다르게 말하면, 민간이 선별하여 투자한 대상에 정부가 소극적으로 투자 자금을 추가 지원하는 기존의 매칭 방식으로는 민간 투자 펀드들의 투자 대상인 우량 벤처기업들을 만들어 낼 수 없다는 것이다.

벤처캐피탈 산업의
구조 개편 방향

벤처 생태계와 민간 벤처캐피탈에 대한 정부의 지원 정책은 1997년 김대중 정부에서 제정된 '벤처기업 지원에 관한 특별법'을 토대로 형성되었으며, 그로부터 20여 간 큰 변화 없이 지속되었다. 정부가 모태펀드를 통해 민간의 벤처 투자 펀드에 출자하는 것은 모험자본 시장이 전혀 형성되어 있지 않은 당시 상황에서는 효과적인 정책이었다고 평가 할 수 있으며, 그 성과로 많은 민간 벤처캐피탈들이 설립되어 벤처 투자 활동을 수행하도록 하는 성과를 냈다. 그러나 독일 사례에서 알 수 있듯이, 정부가 민간 펀드에 매칭하는 방식으로는 지금 이상으로 국내 모험자본 시장의 규모를 키우기 어렵다.

우리나라의 벤처 생태계가 모험자본의 규모를 세계 최고 수준으로 키워 4차 산업혁명과 혁신성장을 주도할 수 있는 유니콘 벤처들을 키워내기 위해서는 모험자본 시장에서 정부의 역할을 재정립해야 한다.

그리고 한편으로는 벤처 투자 펀드로 민간의 투자자금이 유입될 수 있도록 해야 한다. 이를 위해서 기존의 정부와 정책금융 기관의 벤처 투자 방식을 전면적으로 개편할 필요가 있다. 그 구체적인 방안을 제시하면 다음과 같다.

첫째, 모태펀드와 혁신모험펀드 등 정부가 조성했거나 조성하려고 하는 모펀드로부터 출자를 받는 모든 자펀드의 투자 대상을 창업 3년 미만의 창업 초기기업으로 제한할 필요가 있다. 물론 민간 벤처캐피탈의 투자가 많지 않은 지방 중소기업에 투자할 경우 예외를 인정할 필요가 있다. 이러한 투자대상 제한을 통해 순수 민간 자본으로 조성된 벤처 투자 펀드와 정부 자금의 출자를 받아 설립된 펀드 간에 투자 영역을 차별화할 필요가 있다. 한편, 정부가 출자하는 펀드의 경우 투자 대상을 한정하는 대신, 정부의 출자 비중을 90% 수준까지 높이고, 펀드의 규모와 운용 기간을 증대시켜 펀드의 투자위험을 분산시키고, 지속 가능한 투자를 할 수 있도록 해야 한다.

둘째, 정부가 출자하는 창업 초기 단계 전문 투자 펀드의 운용사를 기존의 민간 벤처캐피탈이 아닌 대학과 연구소의 기술지주회사, 민간의 신기술창업전문회사와 엑셀러레이터 등으로 다양화할 필요가 있다. 펀드가 성공적으로 운영되기 위해서는 창업 초기 단계에 있는 기업들을 발굴하여 투자하고, 이들을 기업을 인큐베이션 할 수 있는 역량이 필요하며, 성장 후기 단계에 특화된 민간 벤처캐피탈들은 이러한 역량이 취약하다. 따라서 대학이나 연구소 등 기술벤처의 모태 조직과 연계되어 있는 기술지주회사 등을 운용사로 지정하는 것이 보다 효과적이다.

셋째, 기술보증기금이나 중소기업진흥공단과 같이 중소벤처기업에게 융자 방식으로 정책 자금을 지원해 왔던 정부 산하 기관들도 창업 초기 단계 벤처기업에 대해서는 투자 방식으로 자금 지원 방식을 전환할 필요가 있다. 기술보증 기금의 경우 무담보에 의한 기술보증 공급이 확대됨에 따라 부실채권이 증가하고, 재무건성 악화가 예상되는 상황에서, 민간의 투자가 부족한 고 위험 벤처기업에 대한 자금 공급을 확대하기 위해서는 자금 지원 방식을 융자에서 투자로 전환할 필요가 있다. 동일하게 중소기업진흥공단의 정책자금 지원 방식도 무담보 순수 융자 방식에서, 전환사채^{CB} 또는 신주인수권부 사채^{BW} 등 복합금융 방식으로 전환할 필요가 있다.

넷째, 정부의 출자를 받는 펀드의 투자 대상을 제한하는 대신 순수 민간 자본으로 조성되는 창업벤처 투자 펀드에 대해서는 펀드의 조성과 운용에 관한 규제를 대폭 완화할 필요가 있다. 특히, 순수 민간 펀드는 창업 기업이나 중소기업이 발행하는 주식 이외에 부동산 등에도 자유롭게 투자할 수 있도록 해야 한다. 또한 사내 유보 자금이 많은 대기업들에 대해서는 창업벤처 투자 금융 자회사의 설립에 대한 규제를 완화할 필요가 있다. 현재는 공정거래법에 의해 상호출자제한 기업집단에 속하는 대기업의 경우 금융 자회사를 소유하지 못하도록 하고 있으며, 대기업 계열 벤처캐피탈의 경우 관계 회사에 대한 투자를 제한하고 있다.

마지막으로 블록체인 등 핀테크 기반의 클라우드 펀딩을 활성화 하여 민간 자본의 벤처 투자를 촉진할 필요가 있다. 이를 위해서는 블록체인 기반의 공신력 있는 중개 플랫폼 업체들을 육성할 필요가 있다. 기술보증기금같이 기업 정보와 공신력을 갖춘 기관들이 민간 업체들과 협력하여 중개 플랫폼을 구축하도록 하고, 이를 통해 개별 기업이나 벤처 투자 펀드에 일반 개인들이 투자할 수 있도록 해야 한다.

혁신이란 대학, 연구소, 기업 및 개인들이 갖고 있는
다양한 정보, 기술, 자금 및 인력을 새로운 빙식으로
융합하는 것이다. 또한 혁신은 새로운 아이디어나 기술에
내재되어 있는 기술적이거나 상업적인 실패 위험을 감수하고
투자하는 것이다.
한국경제가 혁신을 통해 성장을 지속하기 위해서는 기술,
인력 및 자본의 순환이 이루어져야 한다. 또한 기술과 인력의
흐름을 가속화하기 위해서는 이들에게 투자하는 모험자본이
대규모로 조성되어야 한다. 그러므로 이러한 혁신 생태계가
조성되기 위해서는 정부가 선도적인 투자를 통해 혁신의
초기 위험을 끌어안아야 할 것이다.

이병헌

저자 이병헌 교수는 한국과학기술원 테크노경영대학원에서
박사 학위를 받았다. 현재 광운대학교 경영대학에서 학장을
맡고 있으며 기술경영경제학회 회장, 기술보증기금 사외이사,
그리고 서울시 혁신성장위원회 부위원장으로 활동하고 있다.

경제

중소기업 중심 경제와 혁신성장

국가 경제 명운의 상당 부분이 대기업에 달려 있다고 말하는 사람들이 있다. 하지만 본질적 부분을 검토해 보면, 대기업의 빈틈을 상당 부분 튼튼하게 보조해주고 주도적으로 혁신성장을 만들어가는 실질적 주체는 바로 중소기업이라는 것을 알 수 있다. 지난 50여 년 동안 대기업 중심의 불균형 경제성장이 추진되었으며, 대기업에 의존하는 경제구조가 고착화되었다. 이러한 사회적 불균형을 해소하고, 의미 있는 성장을 만들어내기 위해서 우리가 나아가야 할 바가 무엇인지 검토해 보자.

경제구조
개혁의 필요성

지난 50여 년 동안 대기업 중심의 불균형 경제성장이 추진되어 왔던 것이 사실이다. 그러다 보니, 대기업에 의존하는 경제구조가 고착화될 수밖에 없었던 것이다. 자연스럽게 시장에서 자본과 자원이 대기업에게 기울어져 쏠리는 현상이 나타나게 되는 것은 불을 보듯 뻔한 순서인 것이다. 이제는 대기업과 중소기업의 격차가 심화되어 경제 활력이 위축되고 있다. 그뿐만 아니라 사회적으로는 부의 양극화와 계층 간 불평등이 점차 확대되면서 갈등이 증폭되어 사회 안정성까지 위협받는 수준에 이르렀다.

대기업은 자본주의 시장경제의 산물이다. 경쟁력이 우수하여 시장에서 탁월한 성과를 낸 덕분에 많은 고객의 선택을 받아 매출이 증가할 수밖에 없었고, 규모와 점유율은 점점 커져 마침내 대기업이 되는 것이다. 알겠지만, 대기업의 시장 지배력과 독과점이 과도해지면 오히려 혁신을 억제하고 경쟁을 약화시킨다. 이런 양면성을 가지는 대기업에 관한 정책은 어느 나라이건 '자유시장 경쟁'과 '독과점 규제'라는 양날의 칼을 가지고 접근한다.

우리나라 대기업은 과거 개발시대에 시장경쟁보다는 정부의 정책

경제적 기여도 축소	사회적 갈등 촉발
• 국내 투자 저조 → 낙수효과 실종 • 신규 고용 정체 → 일자리 창출 미흡 • 쏠림현상 가속화 → 자원배분 왜곡 • 부의 불평등 심화 → 경제적 양극화 • 변화 대응력 둔화 → 구조조정 비용	• 독과점력 남용 → 협력기업 부속화 • 일감몰아주기 → 폐쇄적 내부거래 • 무분별 사업확장 → 중소기업 사업영역 잠식 • 편법적 경영권 승계 → 정경유착 • 계층격차 고착화 → 사회적 일체감 훼손
경제적 활력과 성장 동력 저해	정치적 대립과 사회적 불안 증폭

<표 1> '대기업 중심 경제구조'의 쇠락과 한계

지원에 의하여 성장했고 이 결과 대기업에 대한 경제 의존도가 높아지는 구조로 꾸준히 규모를 키웠다. 그리고 이로 인해 정경유착이라는 업보를 안고 있다. 여기에 더하여 재벌이라는 오너 족벌경영의 지배 구조를 갖고 있어 경영투명성이 매우 낮다. 사실상 대기업과 관련되는 발생하는 많은 문제는 대기업 자체가 아니라 기업 총수와 그 가족들에 기인한다. 엄밀히 말해 대기업 중심의 경제구조가 문제가 아니라 대기업의 전횡이 문제라는 것이다.

무분별한 사업확장과 일감 몰아주기도 사업 다각화라는 기업 논리보다는 족벌경영 관점에서 설명이 된다. 재벌이 3~4세로 넘어가면 먹여 살려야 하는 직계와 방계가 수십 명에 이른다. 이들에게 사업영역을 하나씩 나누어 주어야 하니 결국 수십 개의 계열사를 거느리게 되는 것이다.

글로벌 수준의 국내 대기업이 골목상권의 소상공인 영역을 침범하는 것에는 오너 가족 누군가를 위해 사업을 확장해야 하는 동기가 깔려 있다고 할 수 있다. 광고, IT, 물류 등의 사업서비스 분야에서 중소기업이 전문 중견기업으로 성장할 수 없는 이유도 여기에 있다. 재벌이 내부시장을 이용하여 계열사를 만들어 일감을 몰아주기에서 찾아볼 수 있다.

이와 같이 재벌이 지배하는 대기업에게 의존하는 경제구조 하에서는 대기업 이외의 곳에서 성장잠재력이 활성화되기 어려울 뿐만 아니라 급격히 변화하는 미래 환경에 유연하게 대응하지 못하게 된다. 그러나 수십 년 동안 고착된 대기업 위주 경제구조를 중소 혁신기업 중심으로 변화시키는 것은 매우 어려운 과제이다. 경제구조 개혁은 기존의 낡은 건물을 사용하면서 그 건물의 기초와 구조를 변경하는 것과 마찬가지로 오랜 시간과 정교한 노력이 필요하기 때문이다.

경제구조 개혁은 특정 정권의 정부나 부처의 노력만으로는 이행할 수 없다. 범국가적인 정치적 합의와 국민적 동의가 이루어져야 중단 없이 지속할 수 있다. IMF 위기가 왔을 때의 각오로 전 국민이 나서야 가능한 것이다.

4차 산업혁명 시대
경제구조

현재 4차 산업혁명으로 대변되는 기술혁신은 산업과 시장의 지평을 단절적으로 변화시키고 있다. '초불확실성'이라고 불릴 만큼 미래 변화를 예측하기 어려운 상황에서 정부와 대기업이 주도하는 하향식의 선택과 집중에 의한 산업정책과 경제성장은 가능하지 않다. 소수의 고위 정책가와 최고경영자가 미래산업을 선정하고 대규모 투자를 집중하여 경제를 성장시키는 방식은 더 이상 통용될 수 없다.

미래의 변화가 어디에서 오고 어떤 방향으로 전개될지 알 수 없는데 어떻게 확실한 답을 찾아 거기에 자본과 자원을 집중할 수 있겠는가. 가보지도 않았고 지도road map도 없는 길을 초보운전자가 대형트럭을 몰고 가는 것과 같다. 이런 의미에서 앞으로 대기업의 재벌 경영 리스크는 앞으로 매우 커지게 될 것이다.

자동차 산업이 전기차, 수소차, 자율주행차 등에 의해 급격히 변화하는 상황에서 10조 원을 들여 부동산에 투자했던 자동차 대기업이 지금 고전하고 있고 그로 인하여 납품관계에 있는 자동차 부품기업들이 도산 위기에 몰리고 있다. 시대에 역행하여 사옥을 짓는다고 거금을 들여 부동산에 투자한 최고경영자의 의사결정을 회사 내에서 누가 반대하고 거부할 수 있었을까? 우리나라 대기업의 지배 구조가 얼마나 취약한지를 보여주는 대표적 사례이다.

일반적으로 대기업은 투자 및 경영성과 평가 기준이 엄격하여 성과가 불확실한 원천 신기술의 개발에 투자하지 못한다. 급진적 혁신기술은 실패할 확률이 높으며 투자하는 것에 비례하여 성과가 나오지 않기 때문이다. 혁신기술이 사업화된다고 하더라도 초기에는 시장이 작아 수익을 내지 못한다. 지속적인 투자와 오랜기간 인내하여 어느 정도 변곡점을 지나면서 대중 수요가 확대될 때부터 매출과 이익이 수직 상승하는 모습을 보인다.

이처럼 고위험high risk에 쪽박high loss 아니면 대박high return으로 귀결되는 모험사업을 대기업이 직접 내부적으로 처음부터 끝까지 수행하는 것은 가능하지 않다. 특히 재임 기간이 짧은 전문경영인은 장기간 대규모 자본이 소요되는 투자 결정을 내릴 수가 없다. 그래서 오너 경영자의 개입이 필요하다는 논리도 있다.

지금까지 우리 대기업이 성장해 온 것이 오너의 과감한 투자 덕분이라는 것을 부인할 수 없다. 하지만 앞으로 이런 의사결정 구조가 갖는 리스크는 매우 커지게 될 것이며 더 이상의 성장을 기대할 수 없다. 2000년대 초반에 벤처 열풍이 불었을 때, 대기업의 경영자 2-3세들이 혁신기술에 꽂혀서 대대적 투자를 단행하였으나 성공한 사례는 손에 꼽을 정도에 불과하다.

미래의 방향을 예측하기 어려운 불확실한 변화에 유연하게 대응하려면 가볍고 창의적인 중소기업이 선도하는 상향식 혁신성장이 적합하다. 대기업은 미래 산업의 씨를 뿌리는 다양한 중소기업과 협업하여 투자와 시장화를 지원하는 후원자 역할을 맡아 리스크를 분산시켜야 한다. 지금까지 중후 장대한 장치산업에 대한 자본 투자를 이행하여 경제성장의 선봉역을 수행해온 대기업은 후선으로 물러가고 대신 전면에 창의적 기술과 혁신적 사업모델로 미래 산업을 열어가는 중소기업과 벤처기업이 나서야 하며, 이를 위해서 대기업 편향적 경제구조의 개혁이 필요한 것이다.

양적 확장기	단절적 변혁기
• 글로벌화와 시장개방 - 국제 교역과 소비 수요의 급팽창 • 규제완화와 자유경쟁 - 개별 기업의 이윤 극대화 ⇒ 경제적 기여 • 점진적 기술혁신과 안정적 시장변화 - 추종과 모방의 Fast Follower Advantage • 고속압축성장 - 대량투자와 규모의 우위 (大馬不死)	• 보호주의와 통상장벽 - 경기침체와 공급과잉 • 규제강화와 경쟁제한 - 상생협력과 갈등해소 ⇒ 사회적 책임 • 급진적 기술혁신과 단절적 시장변화 - 창조와 선도의 Pioneer Advantage • 장기지속성장 - 구조개혁과 산업재편 (大馬必死)
• 불균형 쏠림 경제구조 - 대기업 중심의 낙수경제	• 균형 분산 경제구조 - 중소기업 중심의 분수경제

<표 2> 미래산업의 단절적 변화와 초불확실성

중소기업에 관한
관점과 정책

　우리 경제가 중소기업 중심으로 전환되어야 한다는 것에 대해서는 대부분 공감한다. 또한 중소기업 중심경제를 통해 소득주도 성장과 혁신성장을 실현한다는 정부의 메시지도 알려져 있다. 하지만 중소기업 중심경제가 무엇을 의미하며 어떻게 만들어가야 하는가에 관해서는 의견이 분분한 상황이다. 총론은 일치하지만 각론이 다르며 어떤 관점에서 보느냐에 따라 주장이 상이하다. 이런 이유로 중소기업 정책뿐 아니라 대기업 정책 더 나아가서 경제 정책의 초점이 분산되고 상충되어 혼란이 야기되고 있는 것이다.

　중소기업은 많고 다양하며 이질적이다. 중소벤처기업부 자료에 따르면 중소기업 범위 기준에 속하는 사업체 수는 3,672,327개(2016년 기준)에 달한다. 이처럼 수많은 중소기업을 하나로 묶어 동질적인 집단으로 보기는 어렵다. 이름은 중소기업이라 불리더라도 다 같지 않다. 업종, 규모, 기술수준, 경영효율성, 시장경쟁력 등등이 천차만별이다. 여기서 중소기업 정책과 제도의 혼란이 출발한다. 어떤 중소기업을 염두에 두느냐에 따라 중소기업의 차별화된 지원의 초점과 성격이 달라지는 것이다.

중소기업 관점	환자 (患者)	약자 (弱者)	강자 (強者)	선도자 (先導者)
정의	• 한계기업 ▶ 영업이익보다 금융비용이 많은 기업	• 약소기업 ▶ 자생력이 취약하여 생존 불안	• 강소기업 ▶ 기술력과 제조능력 우수하여 성장잠재력 높음	• 혁신벤처기업 ▶ 혁신기술로 High-Risk High-Return 미래 사업 추진
정책	• 회생정책 ▶ 연명 및 정상화로 고용 보존	• 복지정책 ▶ 직접 지원하여 일시적 경영 애로 해소	• 성장정책 ▶ 집중육성하여 성상사다리 활성화	• 혁신정책 ▶ 모험적 기술창업 지원 및 규제개혁 통해 사업환경 개선
지원제도	• 조절판 기능 (연명 vs. 퇴출)	• 안전판 기능 (다수 중기 보편지원)	• 성장판 기능 (소수 중기 선별지원)	• 도약판 기능 (정책지원 vs. 민간생태계)

<표 3> 중소기업에 관한 관점과 정책·제도

　전통적으로 정부의 중소기업 정책은 중소기업을 약자로 보는 관점에서 수립되었다. 대기업에 비하여 상대적으로 자원이 부족하고 경쟁력이 취약한 중소기업을 보호하고 지원하는 것이다. 복지성의 중소기업 정책은 다수의 영세기업에게 보편적 지원을 제공하는 것인데, 그 혜택이 많으면 많을수록 중소기업의 정책의존성이 커지게 된다. 결과적으로, 경쟁력이 우수한 중소기업들이 정부 지원의 울타리에 안주하여 중소기업 범위기준을 넘어서지 않으려고 성장을 기피하는 세칭 '피터팬 신드롬'이 나타나게 되는 것이다. 심지어 퇴출되어야 하는 한계기

업도 정부지원 덕에 연명하는 소위 '좀비기업'을 양산하는 경우도 발생한다.

중소기업에 대한 보편적 지원이 오히려 중소기업의 자생력을 약화시키고 성장동기를 위축시킨다는 비판에 반응하여 중소기업을 강하고 튼튼하게 키워 중견기업으로 성장시키려는 정책도 추진되고 있다. 독일의 '히든챔피언hidden champion'을 벤치마킹하여 세계시장에서 주도적으로 성장할 수 있는 강소기업 육성정책이 대표적인 예이다. 최근에는 경제성장이 정체된 가운데 4차 산업혁명 기술이 주목을 받으면서 새로운 산업과 시장을 창출할 수 있는 벤처기업을 키워 혁신성장의 돌파구를 마련하자는 정책도 추진되고 있다.

이와 같은 정책들의 공통적인 문제는 경제구조를 변화시키기보다 개별 중소기업에 대한 직접적 지원만이 고려되었다는 점에 있다. 대기업 중심의 경제구조로 인하여 시장실패market failure가 발생하고 이를 해소하기 위한 정책지원이 오히려 정부실패government failure를 유발하여 선순환 민간생태계가 발전하지 못한 것이 우리 경제의 가장 큰 약점으로 꼽힌다.

'중소기업 중심 경제'는 이런 구조적 문제를 해소하여 건강하고 균형 잡힌 기업환경과 생태계를 만들어 나가기 위해서 필요하다. 그렇지만 과연 어떤 중소기업을 염두에 두고 경제의 중심에 둘 것인가를 논의하느냐에 따라 의미와 영향은 전혀 다른 것이 된다.

중소기업 중심 경제의
유형과 의미

많은 사람들은 중소기업 중심 경제를 '중소기업 기반경제'로 받아들인다. 민생경제의 근간인 중소기업과 소상공인을 튼튼하고 건강하게 만들자는 의미를 가진다. 뿌리가 튼튼해야 나무가 클 수 있는 것과 마찬가지다. '기반경제' 관점에서는 중소기업을 약자로 보고 '보호와 육성'을 강조한다. 이런 정책은 특별히 새롭지 않다. 어느 나라건 중소기업을 건강하고 튼튼하게 만들기 위한 노력을 다 기울이고 있다.

중소기업 중심 경제를 '성장경제'로 풀이하는 사람도 있다. 기업의 대다수를 차지하는 중소기업에게서 새로운 성장 동력을 찾고 경제성장의 견인차 역할을 맡겨야 한다는 입장이다. 성장경제에서는 중소기업의 성장동기를 자극하여 중견기업으로 발전시키는 성장사다리 정책이 중요해진다. 중소기업의 국제경쟁력을 제고하고 수출과 글로벌화를 촉진함으로써 월드챔피언으로 키우는 것이 최우선의 정책목표에 속한다.

4차 산업혁명이 주목을 받으면서 '중소기업 혁신경제'도 강력히 대두되고 있다. 첨단 기술로 새로운 영역을 개척하는 벤처기업이 고부가가치의 미래 신성장 사업을 주도하여 우리 경제를 도약시켜야 한다는 관점이다. 규제개혁과 투자제도 개선을 통하여 기업가정신이 충만한 창업가가 모험사업에 과감히 뛰어들도록 만드는 것이 정책의 초점이 된다.

최근에 중소기업의 경제적 역할과 사회적 책임을 강조하는 시각도 강하게 대두되고 있다. 일자리와 관련한 청년 고용, 최저임금 인상, 근로시간 단축 등이 그 예에 해당한다. 흔히 말하는 '9988'의 비중을 차지하는 중소기업을 예외로 해서는 소득주도 성장과 삶의 질 향상이라는 목표를 달성할 수 없기에 중소기업에게도 부담이 되는 정책이 시행되고 있는 것이다. 이와 같은 '중소기업 책임경제'는 그동안 중소기업이 받고 누린 혜택을 나누고 국민을 위해 기여한다는 관점을 반영한다.

중소기업 중심 경제를 환경적 차원에서 접근하는 입장도 있다. 바로 '선순환 생태계'와 '경제민주화'이다. 개별 중소기업의 경쟁력과 혁신성장을 위해 많은 노력을 기울여 왔지만 기대한 성과가 나타나지 않는 이유를 불합리하고 불평등한 환경조건에서 찾고 이를 개선하는 것이 먼저 이루어져야 한다는 주장이다.

'선순환 생태계'는 벤처창업-중소기업-대기업이 개방적으로 상호 협력하여 윈윈하는 산업생태계를 의미한다. 자율적으로 민간이 주도하는 시장경제가 발달한 선진국에서나 볼 수 있는 환경이라 할 수 있다. 시장의 쏠림현상이 심각하고 규제가 엄격한 우리나라에서는 이상적인 그림이다.

기존의 대기업 중심의 경제구조는 필연적으로 불공정하기 때문에 미래지향적 구조를 만들려면 대기업의 독과점력을 해소하고 부당행위를 근절하여 공정거래 풍토를 조성해야 한다는 것이 '공정경제'이다. 여기에 대기업의 지배구조 개선과 대·중소기업의 불평등 해소까지 이행하여 민주적 토양을 만들어 시장질서를 확립하자는 입장이 '경제민주화'이다.

유형	특징
중소기업 기반경제	• 풀뿌리 중소기업과 소상공인의 저변 강화와 균형성장 실현 추구 - 취약하고 영세한 다수의 소상공인과 중소기업을 보호·육성하여 생존과 건강성 유지
중소기업 성장경제	• 중소기업의 경쟁력을 강화하고 성장 잠재력을 촉진하여 성장사다리 활성화 - 우량 중소기업의 매출 증가와 수출 확대 유도하여 경제성장의 동력과 견인차
중소기업 혁신경제	• 첨단기술로 새로운 영역을 개척하는 혁신벤처·중소기업이 산업발전 선도 - 기업가정신 갖추고 기술혁신과 모험사업에 과감히 투자하여 고부가가치 추구
중소기업 책임경제	• 99% 차지하는 중소기업이 일자리 창출, 소득성장, 삶의 질 향상 등에 기여 - 중소기업의 경제적 역할과 사회적 책임 강조
선순환 생태계	• 벤처창업-중소기업-대기업 등이 개방적으로 상생협력하여 Win-Win하는 건강한 산업생태계 - 분업과 협업의 오픈 플랫폼으로 시장에서 자율적으로 형성되어야 가능
공정경제	• 기존의 경제구조를 획기적으로 개혁하여 시장질서 확립하는 경제민주화 추진 - 대기업의 독과점 해소, 지배구조 개선, 불공정행위 근절, 불평등 해소, 공정경쟁 풍토

<표 4> 중소기업 중심 경제구조의 유형과 특징

중소기업 중심의 경제는 이처럼 다양한 의미를 가지며 모두를 포괄한다. 그러나 '중심'을 어디에 두느냐에 따라 정책의 초점과 목표는 확연히 달라신나. 모두를 동시에 다 잘하려다 보면 '중심'이 분산되어 불분명해지고 혼란이 야기된다.

경제구조를 근본적으로 변화시킨다는 것은 매우 어려운 일이다. 한 산업의 구조뿐 아니라 한 기업의 구조조정도 어려운데 어떻게 한나라의 경제구조를 변혁하는 것이 쉽겠는가. 국가 경제의 구조개혁은 단계적으로 진행되어야 한다.

중소기업 경제구조의
단계적 발전

다양한 유형의 중소기업 중심 경제를 〈그림1〉과 같이 순서적으로 연결해 보면 우선적으로 기업환경을 개선하는 '공정경제'와 '선순환 생태계' 조성이 선행되어야 한다. 구조는 환경 위에 수립되는데, 환경적 토대가 튼튼하지 못하면 그 위에 수립되는 구조는 모래위에 지어진 집처럼 부실해 질 수 밖에 없다.

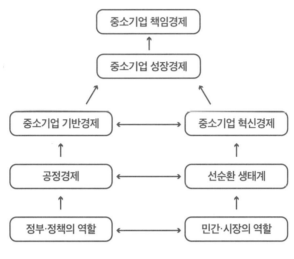

<그림 1> 중소기업 경제구조의 단계적 발전과정

'공정경제'는 정부가 의지를 갖고 정책에 반영하면 빠르게 추진할 수 있다. 그러나 '선순환 생태계'는 정부의 노력만으로 조성될 수 없다. 시장에서 민간이 선도적 역할을 담당해야 하기 때문이다. 정부가 직접 앞장서서 주도하면 오히려 민간의 역할이 위축되고 시장논리가 작동하지 않는다. 그렇다고 정부가 아무 것도 안하고 방치하면 생태계 자체가 형성되지 않는다.

생태계를 만든다는 것은 참 어려운 일이다. 정부가 가만 있을 수도 없고 그렇다고 너무 나설 수도 없다. 정부는 중소기업을 직접 지원하기 보다는 환경과 제도를 개선하는 역할을 맡는 것이 바람직하다. 규제를 완화하고 혁신의 리스크가 투자수익으로 순환되도록 유인하는 제도를 일관성있게 밀고 나가는 것에 주력해야 한다. 민간의 다양한 주체들이 서로 밀접하게 연계되어 연구개발-창업-투자-성장-회수 등의 선순환이 나타나게 해야한다. 그러기 위해서는 오랜 시간과 정교한 정책이 필요하다.

'공정경제'가 확립되면 그 위에서 건강한 '중소기업 기반경제'가 수립되고, '선순환 생태계'의 틀 안에서 '중소기업 혁신경제'가 꽃을 피울 수 있다. '기반경제'가 취약한 상황에서 '혁신경제'만이 융성하면 또 다른 양극화의 문제가 잉태된다. 역으로 '혁신경제'가 부진한 가운데 '기반경제'만 커지면 경제활력이 저하되고 성장이 정체된다. 운동선수가 기초체력이 튼튼해야 난이도가 고급 기술에 도전할 수 있는 것과 같다. 서민 경기를 지탱하는 '기반경제'는 기초체력에 속하고, 우수한 창업가가 이끄는 '혁신경제'는 고급기술에 해당한다.

'기반경제'와 '혁신경제'가 맞물릴 때 지속성장이 가능한 '중소기업 중심의 성장경제'가 도래한다. 바닥의 '기반경제'가 밀어 올리고, 선두의 '혁신경제'가 이끌어 나갈 때 포용성장, 균형성장, 혁신성장이 동시에 실현될 수 있는 것이다. 개별 중소기업의 성장이 전체 국가경제의 성장으로 연결되어야 풀뿌리 분수효과가 나타나 노동자의 소득성장도 가능해 질 수 있다.

중소기업에 대한 경제적 기여와 사회적 책임은 '중소기업 중심의 성장경제'가 구축된 다음에나 요구할 수 있다. 대다수의 중소기업이 한

계기업과 존속기업의 경계에 놓여 성장은커녕 생존도 위협받고 있는 여건에서 최저임금 인상과 근로시간 단축과 같은 책임을 먼저 물으면 감당하기 어려울 수밖에 없는 것이다. '책임경제'는 가장 마지막에 추구해야 하는 궁극적 목표로 설정해야 한다.

정부 주도
혁신경제의 한계

여러 유형의 '중소기업 중심 경제' 가운데 기존 대기업 중심의 경제구조를 대체하여 경제성장을 지속할 수 있는 유력한 대안은 '혁신경제'이다. 흥미롭게도 어떤 나라 정부이건 경제성장이 정체되는 경우 '혁신경제'를 돌파구로 선택한다. '혁신경제'가 인기있는 정책방안으로 선택되는 이유에는 몇가지를 찾아 볼 수 있다.

첫째, 대기업에 버금가는 성장 동력과 고용창출 잠재력을 가진 중소기업은 혁신기업 이외 다른 대안이 없다. 실제로 선진국도 벤처형의 혁신기업이 경제성장을 주도하고 있으며, 이를 벤치마킹하여 '혁신경제'를 추구하는 것은 지극히 당연하다.

둘째, 4차 산업혁명과 같은 시대적 변화 추세에 부응한다는 명분이 있다. 기존의 산업을 대체할 미래 산업을 창조하는 4차 산업혁명 기술을 시장에 도입하는 혁신기업을 지원하는 것은 정책적 정치적 타당성을 갖는다.

셋째, '혁신경제'는 청년창업 및 벤처와 동의어로 간주될 정도로 밀접한 연관성을 갖는다. 청년들이 능력을 발휘하여 꿈을 실현할 수 있는 창업의 기회를 주는 것만큼 뜨거운 호응을 불러일으키는 정책이 없다. 청년창업은 무미건조하고 삭막한 경제정책에 가슴을 뛰게 만드는 열정을 불어 넣을 수 있는 마법과 같다.

넷째, 새롭고 멋있는 이야기를 국민에게 보여줄 수 있다. 전통적인 중소기업을 강하게 만들고 키워서 경제성장을 추구한다는 정책은 별로 새로운 것이 없다. 혁신경제에서는 신데렐라 벤처기업이 등장하고 스타 창업가가 떠오른다. 이들이 여론의 집중 조명을 받고 국민적 관심을 끌면 정책 성과로 인정받을 수 있는 소재가 된다.

이와 같은 이유로 어느 정부이건 명칭은 달리 붙여도 비슷한 내용의 '혁신경제'를 추구하게 되는 것이다. 자율적으로 혁신을 장려하고 선순환으로 키울 수 있는 민간 생태계가 결핍된 경우 정부의 책임과 역할은 필요하다. 하지만 정부가 주도하고 직접적으로 지원을 제공하는 '혁신경제' 정책은 본질적으로 한계를 가질 수밖에 없다.

우선, 정부가 미래 기술을 선정해 집중 지원하는 방식은 정부 선택의 오류를 불러일으킬 수 있다. 정부는 혁신 기술의 사업성과 경제적 가치를 평가할 능력이 없다. 그러면서도 외부 감사나 지적을 고려하여 지원기준과 절차의 객관성 확보를 중시하기 때문에 이미 알려지고 검증된 기술 중심으로 지원이 제공되는 경향이 높다. 실험이나 개발 단계에 있어 대중에게 알려지지 않았고 검증이 안된 먼 미래의 기술에 대하여 장기간 예산투입하는 것은 정당화할 근거가 없어 예산낭비라는 비판에 직면하게 된다.

무엇보다 정부가 선택하면 자원이 쏠리며 왜곡 현상을 유발하는 부작용이 심각하다. 정책적으로 선택된 기술 분야에서는 과열과 과당경쟁이 나타나는 반면, 그렇지 않은 분야는 소외되어 고사되는 운명에 처하게 된다. 줄기세포가 대표적 예에 속한다. 정부가 줄기세포에 지원할 때는 과학계의 연구열이 뜨겁게 달아오르다가 황우석 교수 사건으로 지원이 대폭 축소되면서 지금은 관심밖에 밀려나 있는 것이다.

정부의 정책 실패와 부작용에 대한 관용도가 낮은 것도 큰 제약으로 작용한다. 정책적으로 집중 지원했는데 성과가 부진하거나 잡음이 발생하는 경우 언론과 국회의 과도한 비판에 시달리고 누군가는 책임을 져야 하는 상황도 발생한다. 이와 같은 정책 실패 리스크에 선제적으로 대응하기 위하여 정부기관은 성공 가능성이 높은 연속적 혁신에 대한 지원을 선호하고 지원대상자에게 과다한 서류와 복잡한 행정업무를 요구하게 되는 것이다.

정부의 예산집행과 정책성과 평가가 연간 단위로 이루어지는 것도 본질적 한계이다. 주어진 예산은 이월이 안되고 기한 내에 집행해 소진해야 하며, 예산사업에 대해서는 매년 국감과 경영평가를 받아야 하므로 단기 실적이 나올 수 있는 프로젝트 위주로 지원사업을 수행하게 된다.

중장기 사업의 경우 산출물 성과 output performance가 불확실하므로 단기적인 투입물 성과 input performance 기준으로 평가가 이루어지며, 이런 경우에 본말이 전도되는 결과가 나타나기도 한다. 예를 들어, 벤처 지원정책의 성과를 성공기업보다는 창업기업 기준으로 평가하는 것이다. 벤처는 대다수가 실패하고 끝까지 성공한 소수의 기업들이 유니콘으로 성장하게 되는 것이다. 이와 같은 결과는 오랜 시간을 기다려야 나오므로, 초기에 측정할 수 있는 벤처창업 수 기준으로 평가하게 된다. 이러한 경우 정부기관은 가능한 많은 창업을 유인하게 되어 범용성 기술을 가진 무늬만 벤처인 신생기업들이 과밀해져서 나중에 유니콘으로 성장하는 벤처는 적어지는 결과가 초래될 수 있는 것이다.

산업화시대와 같이 정부가 미래 산업과 기술을 선택하여 집중 지원해 육성하던 시대는 지났다. 이제는 산업정책이건 과학기술정책이건 정부가 선택하여 지원하는 경우 오히려 역효과가 더 커지는 상황이 된 것이다.

정부의 역할은 법적 행정적 규제를 개혁하고 민간의 혁신 생태계가 활성화될 수 있는 제도적 환경을 조성하는 것에 있다. 그러나 법률 및 행정 체계의 경직성과 기득권층의 반발로 '파괴적 혁신destructive innovation'의 사업화는 요원하기만 하다. 특히 우리나라처럼 5년마다 정부가 바뀌어 새로운 정책이 수립되고 정치적 이해관계로 규제가 수시로 변경되는 여건에서 혁신성장은 구호로만 그칠 가능성이 높다.

정부가 '혁신경제' 정책을 강력히 추진하는 것을 폄하하거나 부정하는 것은 결코 아니다. 다만 정부가 만능은 아니며 한계가 있는 정부가 나선다고 '혁신성장'이 구현될 수 없다는 점을 인식해야 한다.

중소기업 중심의
경제구조 개혁을 위한 역할

앞에서 언급한 여러 유형의 '중소기업 중심 경제'를 단계적으로 구축하기 위해서는 정부뿐 아니라 중소기업, 대기업 그리고 정치권과 국민의 범국가적 노력이 필요하다. 경제구조의 단절적 혁신은 매우 어려운 난제이다. 하물며 한 산업의 구조조정이나 한 기업의 구조 변화도 어려운데, 몇 십 년 동안 고착되어온 한 국가의 경제구조를 급진적으로

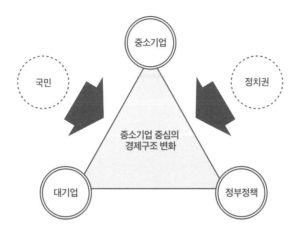

<그림 2> 중소기업 중심의 경제구조 개혁을 위한 역할

변화한다는 것은 불가능에 가깝다.

　기존의 대기업 중심의 경제구조를 중소기업 중심으로 전환시키기 위해서는 점진적 단계별 구조개혁 추진전략을 수립하고 일관성 있는 실행계획을 장기적으로 수행해야 가능하다. 이를 위해서는 우선순위를 설정하고 단기·중기·장기 계획을 수립하여 추진해야 한다. 과거에 경제개발 5개년 계획과 같은 경제혁신 5개년 계획을 수립하고 1단계 →2단계→3단계 식으로 쌓아 올려가야build-up 가능한 것이다.

　구조개혁은 건물 짓듯이 접근해야 한다. 기초공사를 하지 않고 건물이 들어설 수 없다. 그것도 새 건물을 짓는 것이 아니라 기존의 건물을 사용하면서 재건축한다는 것은 더욱 어렵다. 아예 철거하고 새로 짓는다면 모를까. 지금 상황을 잘 표현하고 있다. 대기업 중심의 경제구조를 폐기처분하고 급진적으로 중소기업 중심 경제구조로 갈아 탈 수 없다. 단기적으로 대기업 중심 경제를 유지하며 중소기업은 보조적 역할을 맡는 구조로 가다가 중기적으로 병행하고 장기적으로 중소기업 중심 경제로 전환해야 진통 없이 구조개혁이 이행될 수 있다.

이런 계획을 한 정권의 정부가 맡아서 다 추진하여 종결할 수 없다. 여러 정권의 정부가 서로 연계해서 추진해야 하는데 이를 가능하게 하려면 범국가적 합의와 국민적 동의가 전제되어야 한다. 정치적 합의와 국민적 동의가 이루어져 중도에 정부가 교체되어도 중단 없이 지속적으로 꾸준히 한 방향으로 나아갈 수 있는 것이다. 그러나 최근에 조선, 해운, 자동차, 발전 등의 여러 산업에서 구조조정이 난항을 겪으며 실패한 사례를 보면 이런 노력이 쉽지 않다는 것을 알 수 있다. 심지어 같은 정부 내의 부처 간에도 입장이 달라 혼선이 발생해 후유증이 큰 것이다.

그런데 과연 현재 우리나라의 상황에서 여러 정당의 정치적 합의와 정부 차원의 일관성 있는 정책 추진이 가능할 수 있을 것인가? 이해관계가 상충되어 발생하는 반대와 갈등을 해소하고 봉합하며 방향성을 잃지 않도록 정부가 강력한 리더십을 발휘할 수 있을까? 과거 개발독재 시대와 다른 상황에서 중장기 경제혁신 계획 자체가 수립되고 실행될 수 있는 것인가?

이를 위해서는 여러 새로운 실험이 필요하다. 먼저 정치권에서 초당적 차원의 경제구조 혁신위원회를 구성하여 국가경제 개조를 위한 논의가 이루어져야 한다. 그다음에 우리 경제의 10년 20년 뒤의 모습을 그리고 현재와의 괴리를 해소하는 정책대안들을 다수의 국민들이 참여하는 공론화위원회에서 결정하도록 하면 어떨까 생각한다. 이렇게 해서 결정된 내용을 법령으로 제정해 어떤 정부가 들어서라도 중도에 이탈하지 않고 꾸준히 이행하도록 만들어야 경제구조의 개혁이 가능해질 수 있을 것이다.

정부 조직에서는 '중소기업 중심의 경제구조' 개혁을 책임지고 주도하는 혁신 부총리제를 도입해야 한다. 지금 정부에서는 기재부 장관인 경제부총리가 혁신성장을 맡고 있다. 현재 진행형의 경제정책의 운영과 미래지향적 혁신정책은 이질적이라 둘 다 잘하기 힘들다. 그러다 보니 기존에 알려진 혁신정책에 예산만 늘려 투입하는 정도에 그칠 뿐, 구조개혁은 시도조차 하지 못하고 있다. 기업에서 기존 주력 사업을 맡은 부서에서 전혀 다른 신규 사업도 같이 추진하는 것과 마찬가지이다.

한 가지 방안은 중소벤처기업부와 산업통상자원부를 통합하여 대기업 중심의 산업정책과 중소기업 중심의 혁신정책을 통합하여 수행하는 것이다. 통합부처의 장관을 부총리급으로 격상시켜 경제구조개혁의 단계별 계획에 따라 부처별 중소기업 정책과 규제 제도를 조율하고 조정하는 컨트롤타워control tower 역할을 맡도록 하는 방안도 고려해 볼 수 있다.

중소기업 중심 경제의 궁극적인 성패는 주인공인 중소기업에게 달려 있다. 중소기업 중심 경제에서 혁신성장이 구현되는 가운데 여전히 정부가 중소기업에게 직접적으로 지원하고 보호해 줄 것을 기대할 수는 없다. 중소기업이 국민경제의 주역이 되려면 대기업 울타리와 정부의 보호막을 벗어나 독자적으로 시장에서 생존하고 성장할 수 있는 자생력을 갖춰야 한다. 기업가정신을 갖고 과감히 혁신에 도전하고 인재에 투자하여 글로벌 경쟁력을 갖는 중견기업으로 성장하여야 중소기업 중심의 혁신성장이 도래할 수 있는 것이다.

대기업의 변화도 필요하다. 대기업은 미래 신규 사업의 기회를 중소기업이 개발한 혁신적 신기술에서 찾아볼 수 있다. 리스크가 높은 미래 기술을 자체적으로 개발하기 어려운 대기업은 혁신적 중소기업과 유기적으로 협업하는 개방형 플랫폼open platform 역할을 맡아 혁신 생태계 조성에 기여할 수 있다.

경제구조 개혁이 정치적 구호나 정책 간판으로는 멋있다. 하지만 이행은 매우 어렵고 힘들다. 한 정부나 부처만의 노력만으로는 결코 이행할 수 없다. 그러나 하지 않으면 미래가 없다. IMF 위기가 왔을 때의 각오로 전 국민이 나서야 가능한 것이다.

혁신은 '제약조건을 극복하여 상충적 가치요소를
조화시키려는 노력'이라 정의할 수 있다.
예를들면 고성능 고품질의 신제품을 저원가 저가격에 제공하는
것이다. 제약조건에 구속되지 않고 창의적 발상과 접근으로
가치요소를 극대화해야 시장의 판도를 변화하고 주도할 수 있다.
혁신성장은 중소기업이 현실에 안주하지 않고 글로벌 시장에서
성장을 추구할 수 있는 혁신 제품을 개발하고 마케팅에
투자할 수 있는 여건과 기반이 조성되어야 한다.
그리고 정부 정책은 중소기업의 혁신성장 동기를 활성화시킬 수
있는 방향으로 전환되어야 한다.

임채운

현재 서강대학교 경영대학 교수인 저자 임채운은 제16대 중소
기업진흥공단 이사장 그리고 한국경영학회와 한국중소기업학
회 회장을 맡은 바 있으며, 동반성장위원회 공익위원과 공정거
래조정원 유통업거래 분쟁조정협의회 위원장으로 활동했다.

PART 2

추격성장의 패러다임을 뛰어넘다

... 변화의 시대, 핵심은 혁신이다

교육 4차 산업혁명 시대, 무엇을 어떻게 가르칠 것인가? | 송은주
한류 유럽에서 바라본 한국콘텐츠의 현주소 | 김재환

변화를 위한 혁신을 위해서는 때로는 우리가 생각하는 틀을 뛰어넘는 과감함

이 필요하다. 근래 들어 양적 성장과 질적 성장에 있어서 우리가 생각하지 못

했던 형태의 큰 변화를 주도하고 있는 분야가 있다. 바로 한류와 교육이다. 패

러다임을 뛰어넘는 정도의 성장을 주도하고 있는 이 부분이 더 건강하고, 더

주도적인 성장을 위해 사회적 인식의 혁신이 필요하진 않을까?

교육

4차 산업혁명 시대,
무엇을 어떻게 가르칠 것인가?

교육은 미래 혁신을 위한 투자이다. 미래교육 분야의 확장성 논의를 위해, 현재 교육시스템의 문제와 그 원인에 대해 파악해 볼 필요가 있다. 초 중 고교 등 정규학교의 기본 역할은 한 인격체로서 세상에 나아가 삶을 펼치기 위한 기초 조건을 갖추도록 하는 것을 포함한다. 이상적인 학교 시스템이란 무엇일까? 서로 조화롭게 발전적으로 미래를 리드해 가기 위해 우리가 생각해야 할 점은 없는 것일까?

미래의 삶과
잃어버린 고리

'미래교육'이라는 주제를 논할 때 우리는 미래의 주인공인 다음 세대에게 어떤 교육을 제공해야 하는 가로 초점을 좁히는 경향이 있다. 이 주제를 둘러싼 이해관계자도 학부모, 교사, 학교, 교육 정책가들로 국한되곤 한다. 물론 미래세대에 대한 교육은 역사상 언제나 중요했고 앞으로도 그러할 것이다.

그런데 몇 년 전부터 미래교육이라는 키워드를 중심으로 지각변동이 감지되었다. 학업, 입시, 진학, 직업에 국한하는 것이 아니라 인생 라이프사이클 굽이굽이마다 필요한 양분과 무기를 공급받기 위한 것, 인간이 평생 살아가면서 함께 해야 할 분야로 스펙트럼이 확연히 넓어진 것이다. 따라서 최근 미래교육을 둘러싼 담론은 평생교육, 재교육, 삶의 의미를 찾는 행위, 인생의 즐거움을 찾기 위한 행위 등으로 확장되고 있으며, 이해관계자 또한 전 인류로 확대되고 있다.

요컨대, 교육의 대상과 범위에 대한 태도에 변화의 바람이 불고 있다. 미래의 거시적인 흐름을 잘 읽어낸다는 평을 듣는 미래학자 앨빈 토플러Alvin Toffler는 21세기를 '배우는 자의 시대Age of the Learners'라고 정의했다. 배우고 배운 것을 '일부러 잊어버리고' 다시 배우는 것이, 미래사회 성인들이 가장 많은 시간을 쏟는 일이 될 것이라고 내다봤다. 지식이 기하급수적으로 확장되고 경계없이 떠다니고 누구든 모든 것에 접속 가능해지기 때문이다. 게다가 이 어마어마한 지식들이 공기나 물처럼 공짜인 세상이다. 이런 시대에는 문맹의 개념이 완전히 바뀌어서, 글을 읽고 쓸 줄 모르는 것이 문맹이 아니라 정보를 수집하고 그것을 버무려서 활용할 줄 모르는 것이 문맹의 새로운 정의라고 했다. 배우고, 배운 것을 일부러 잊어버리고 다시 배운다는 것은 배움이 현재, 미래의 삶에 연결고리가 되어야 한다는 뜻으로 볼 수 있다.

현재 세계 곳곳에서, 배움에서 삶을 찾으려는 시도, 현재와 미래의 가교로서의 교육, 연령이나 생의 단계에 국한되지 않는 배움 등의 현상이 다양한 형태로 나타나고 있다. 여기에는 현대인의 일상이 배움을 늘 장착해야 하는 형태로 변화하는 환경이 주효했을 것이다. 또한 미지의 것에 대해 궁금하고 알고 싶고 배우고 싶은 인간의 본성이 충족되기 쉬워진 환경도 이를 가속화하고 있다.

이런 현상들을 경제적 관점에서 바라보면 시장에 니즈needs가 있다는 것을 의미한다. 필연적으로 미래교육을 위한 사업분야가 형성되기 때문이다. 미래교육 분야에서 새로운 사업 아이템을 찾고자 하는 요구들도 많아지고 있다. 미래교육 관련 기술, 시스템을 개발(스타트업)하는 분야인 '에듀테크EduTech, 교육(Education)과 기술(Technology)의 합성어'는 지금 전 세계적으로 핫한 분야로 꼽힌다. 제2의 닷컴이라고도 불리며 자본과 인재가 몰리고 있다. 구글, 페이스북, 마이크로소프트 등 우리가 아는 유명 IT 기업들 중 이 분야에 뛰어들지 않은 회사가 없을 정도다. 이른바 에듀테크의 전성시대가 시작된 것이다. 에듀테크 붐은 미국의 실리콘밸리로부터 시작이 되었는데, 현재 유럽도 이 시장의 성장에 매우 주목하고 있다. 영국의 경우 유럽 내 에듀테크 분야 선도자 위치를 확보하기 위해 정부 차원의 지원을 기반으로 본격 출사표를 던졌다. 2017년 기준 영국 기반 에듀테크 스타트업은 약 1,200개로 집계되었는데, 이 분야의 매년 평균 성장률이 22%가 넘는다. 성장률은 계속 높아질 것이며, 세계 각국은 에듀테크 시장을 선점하기 위해 무한경쟁에 돌입했다는 분석이다.

미래교육의 확장성

미래교육 분야의 확장성 논의를 위해, 우선 현재 교육시스템의 문제와 발생 원인을 파악해 볼 필요가 있다. 초 중 고교 등 정규학교의 기본 역할은 지적 능력만 배양하는 곳이 아니고 한 인격체로서 세상에 나아가 삶을 펼치기 위한 기초 조건을 갖추도록 하는 것을 포함한다. 따라서 이상적인 것은 학교 시스템이 현재 우리가 살고 있는 세상에서 벌어지고 있는 현상과 서로 조응하면서 발전적으로 미래를 리드해 나가는 것이다. 그렇다면 현재 세상에서는 어떤 일이 벌어지고 있는지 살펴보자.

올림픽에서 메달을 따는 방법

27세의 케냐인 '줄리어스 예고Julius Yego'는 학창시절부터 창던지기에 재능을 보였다. 언젠가는 꼭 올림픽에서 메달을 따리라는 꿈을 간직한 채 한시도 훈련을 게을리한 적이 없다. 여러 대회에서 두각을 나타내자 정식 선수로서의 자격을 얻었다. 그러나 코치와 훈련장비등 국가에서 선수를 지원하는 경비는 턱없이 부족했다. 줄리어스는 청소년 대회의 출전 기회를 포기해야 하는 상황을 맞았다. 지푸라기라도 잡는 심경으로 그가 한 일은 세상에서 창던지기를 제일 잘한다는 사람들에 대한 자료를 찾아보는 것이었다. 일과를 마치면 매일 동네의 유일한 PC방으로 달려가 인터넷을 뒤졌다. 코치가 없던 그가 곁눈질로나마 한 수 배울 수 있는 유일한 통로였기 때문이다.

줄리어스는 유튜브 동영상을 통해 온갖 기술을 엿볼 수 있었다. 2009년 처음 유튜브를 통해 기량을 익히기 시작한 줄리어스는 차츰 실력을 쌓아 나갔고, 2011년 전 아프리카 대회에서 드디어 일등을 차지했다. 기자들이 몰려들어 탁월한 기술을 선보인 줄리어스의 코치를 찾아 훈련의 비밀을 인터뷰하고자 한순간, 이 케냐 선수에게 코치가 없으며 그간 홀로 연습해 왔음이 알려졌다. 누가 코치인지를 묻는 질문에 줄리어스는 당당히 '유튜브'라고 말했다. 이후로 그는 전 세계에 '미스터 유튜브맨'이라는 별칭으로 알려졌다. 2016년 리우 올림픽에서 줄리어스는 남자 창던지기 부문에 출전해 은메달을 목에 걸었다.

창작하는 인공지능

2017년 한국콘텐츠진흥원에서 실험적인 협업 프로젝트를 진행했다. AI와 함께 창작하는 예술 프로젝트 〈음악, 인공지능을 켜다〉가 바로 그 것이다. 참가 팀 중 스타트업 '포자랩스Pozalabs'는 작사 작곡과 인공지 능을 결합한 기술을 선보였다. 직접 개발한 인공지능 '뮤직쿠스'에 국 내 가수 2천 명의 노래 약 6만 개, 20만 줄 분량의 가사를 딥러닝 방식 으로 학습시키는 방식이다. 3, 4일간 가사의 진행 패턴을 익히게 한 뒤 사랑, 후회, 슬픔, 가을 같은 키워드를 입력하자 뮤직쿠스는 기다렸다는 듯 초당 수천 줄의 속도로 감성 충만한 노랫말을 쏟아 내기 시작했다.

이날 현장과 중간 개발 과정을 지켜본 SM, 구글, 제일기획 등의 각계 관계자들은 인공지능 작품의 창의성에 놀라움을 금치 못했다. 프로그 램의 사회를 맡은 가수 겸 작곡가 윤상은, "인공지능AI에 저작권료를 어떻게 지불할 것인가를 고민해야 할 시점이 온 것 같다."라는 말로 찬 사를 표했다. 이 프로젝트는 기술이 어떤 분야에 응용될 수 있을지에 대한 것이었지만, 이를 통해 창의성이라는 것이 과연 인간에게만 부여 된 특성인가에 대한 논의도 촉발되었다. 기계와 인간의 협업, 인간과 인공지능이 공존하는 현재, 과연 우리는 기계와 어떤 관계를 맺어야 할 것인가에 대한 고민이 필요한 시대를 살고 있다.

이미 특정 분야에서는 인간을 능가하는 AI가 등장한 상황이기도 하 다. 2016년 세상을 놀라게 했던 바둑 인공지능 프로그램 알파고와 바둑 최고 인간 실력자의 대결의 최종 결과는 알파고의 '승'이었다. 현재 이 알파고는 '알파고 제로'로 업그레이드되었다. 알파고 제로는 기존 버전들과는 달리, 스스로 바둑을 터득한다. 이전 버전인 알파고는 인간이 입력한 정보를 통해 학습하는 방식으로 바둑을 배웠는데, 알파고 제로는 인간 지식 없이 독학으로 깨쳐서, 승률을 높이는 좋은 수가 어떤 것인지 스스로 데이터를 쌓는다. 알파고 제로에 관한 논문의 공동 저자 중 한 명은 이런 말을 했다. "알파고 제로가 기존 버전들보다 오히려 강한 이유는 인간 지식의 한계에 더 이상 속박되지 않기 때문이다". 미래학자 레이 커즈와일Ray Kurzweil은 2025년에는 AI를 비롯한 기술이 인간 1인의 지능을 초월할 것이고, 2045년에는 AI를 비롯한 기술이 인간지능의 총합을 초월하는 순간, '특이점'의 시기가 올 것이라 예상한다.

이렇게 우리의 현실은 지능화된 기계가 인간과 대결을 벌이고 로봇이 사람의 일자리를 점령하고 70억 명이 연결된 세상에서 누군가를 깜짝 놀라 킬 엄청난 방법들이 속속 등장하는 세상이다.

그렇다면 우리의 학교 상황은 어떤가? 교실의 모습을 떠올려보자. 100년 전 수업이 한창인 교실을 찍은 사진을 보면, 교사는 교단에 서서 강의하고 학생들은 받아 적고 암기하는 모습이다. 한국의 입시는 선다형 시험으로 주입식 위주의 교육이 이루어졌다. 그렇다면 현재의 교실은 100년 전과 비교해 크게 달라졌는가? 최근의 교실도 100년 전의 프레임이 유지되고 있다. 세상은 급속하게 변하지만 교육시스템은 시간이 지나도 크게 변하지 않는 분야다. 그러다 보니 학교가 세상의 변화를 미리 대비하고 삶을 준비시키는 터전이라는 역할에서 멀어지고 있다. 현실은커녕 미래 역량을 키우고 활용하는 데 뒷받침을 제대로 못하고 있는 셈이다. 이 잃어버린 고리missing link가 현재 공교육 시스템의 문제라 할 수 있다.

고착화된 교육시스템은 100여 년 전 인류가 산업화를 진행하면서 개발된 것이다. 그 당시에 산업화란 공장에서 규격화된 물건의 대량생산을 의미했다. 이러한 공장 시스템은 교육에도 적용되었다. 그것은 당시 현실에 맞는 일꾼을 키워내기 위한 시스템으로 여겨졌기 때문인 것이다. 이른바 대량교육mass education이다. 한 명의 교사가 여러 명의 학생을 일률적으로 가르치는 구조를 기반으로 교육과정과 교육평가에 있어서도 공급자 중심의 설계가 구조화되었다. 이러한 접근은 명과 암을 동시에 보유한다. 이 시스템의 혁혁한 공적으로 들 수 있는 것이 특권 계층만 향유했던 권리인 교육이 모든 시민으로 확대되었다는 점이다. 이로써 민주주의 구현에 기여한 바는 적지 않다. 그러나 모든 시민을 위한 교육 체제를 만드는 과정에서 포기한 중요한 가치들이 현재와 미래의 교육의 핵심이라는 점이 어두운 단면이다. 사람은 각자만의 재능이 있다는 것, 또 깨우치는 속도가 다를 수 있다는 것, 개성이 다른 사람들이 새로운 것을 만들어내고 공유하고 퍼뜨리고, 따라서 경쟁

만이 아니라 협력과 소통이 중요하다는 것. 이런 가치들은 포기하게 된 것이다.

제도는 일단 고착화되면 참으로 견고한 특성을 지닌다. 제도를 유지하기 위한 기득권이 형성되고 변화에 대한 저항이 발생한다. 그러다 보니 모든 것이 융복합하는 현상, 4차 산업혁명 시대에 중요해지는 자질을 교육시스템이 오히려 방해하는 현상이 벌어진다.

창업가 육성 기관이자 싱크탱크로 알려진 싱귤래리티Singularity 대학교의 '탐 우젝Tom Wujec' 교수의 실험은 현재 공교육 시스템 및 티칭이 과연 미래 인재를 양성하기에 적합한가에 대한 큰 시사점을 준다. 이 실험은 다양한 그룹의 사람들에게 특정 디자인을 제시하고 창의력을 동원해서 더 나은 상태로 만들어 보게끔 하는 것이다. 실험에 참여한 사람들은, 대학생들 그룹, MBA 학생들로 이루어진 그룹, 건축가, 법률가들, 또 유치원을 막 졸업한 아이들도 한 그룹을 이뤘다. 이렇게 그룹별로 시도해보도록 했더니 꼴찌가 MBA 과정 학생들로 이루어진 그룹이었다. 일등에는 유치원을 갓 졸업한 아이들 그룹이 올랐다.

우젝교수에 의하면, MBA 과정 학생들은 하나의 정답만 찾는 것에 몰두하느라 다양한 시도를 하지 않았다. 실패하면 경직되고, 재시도하는 데 오래 걸렸다. 또 그룹 내에서 서로 견제하고 눈치 보느라 협력이 안되었다. MBA까지 쭉 진학을 했다는 것은 지식을 전달받아서 정답

만을 골라내는데 기반한 테스트들을 오래 거쳐온 그룹이라고 할 수 있을텐데 이런 상황에 오래 노출될수록 새로운 도전과 창의적으로 해결해야 할 문제 앞에서 맥을 못 추더라는 것이다. 반면, 유치원을 갓 졸업한 아이들은 서로서로 이렇게도 해보고 저렇게도 해보고 상상력을 발휘해서 새로운 방식으로 접근하고, 안되면 금방 다시 하고, 소통하고 협력하고 그 과정에서 습득하는 속도가 훨씬 빨랐다고 한다. 창의력, 소통, 팀워크가 더 척척 진행되고 결과적으로 이 팀이 해결책을 제시하더라는 것이다.

이런 결과는 유치원과 학교 교실을 비교해보면 왜 그런지 답이 나온다. 유치원에서는 아이들이 그림을 그리거나 노래를 부르다가 과학 실험을 하고 또 놀이터로 가서 삼삼오오 함께 룰을 짜고 당당하게 주변 세계에 대해 탐구한다. 여기서 정보를 교환하고 협상하며 이 아이디어에서 다른 아이디어로 자유롭게 넘나든다. 사물이든 개념이든 겁내지 않고 해체하고 재조립하면서 새로운 방식으로 시도한다. 그런데 이게 정규교육이 시작되면 끝이 난다. 교실 혹은 강의실에서 선생님은 칠판 앞에 서 있고 많은 수의 학생들이 꼼짝 않고 앉아 있다. 칸막이가 쳐진 학과목을 듣고 받아 적고 외운다. 친구는 창의적인 아이디어를 주고받는 협력자가 아니라 경쟁자로 위치한다. 이러다 보니 현재의 교육시스템이 미래에 더 중요해지는 역량들을 가로막는 형태라는 오명을 얻게되었다.

2030년 이후를
대비하는 에듀테크

우리의 삶이 어떻게 변화되고 있는지, 미래는 어떤 형태로 다가올지에 대한 관심은 개인뿐 아니라 국가 정부의 주요 관심사이기도 하다. 인구 조절, 산업군 투자, 인재 육성 분야 선별 등 국가 경쟁력에 엄청난 영향을 미치는 솔루션들을 설계하는 것이 정책이기 때문이다. 고대 왕들로부터 오늘날 세계적 리더들에 이르기까지 미래를 예측하고자 하는 시도는 꾸준히 이어지며, 세계 각국의 연구소들에서 끊임없이 자료를 수집하고 분석하고 변화를 예측하고 있다.

영화나 소설 등 대중문화는 미래상에 대해 우리에게 팁을 주곤 한다. 예컨대, 1989년에 개봉했던 영화 '백 투 더 퓨처'에서 그 당시로서는 먼 미래인 2015년으로 가서 어떤 세상이 올까 미리 보여주었던 상황들, 그때 예측했던 것들과 현재를 비교해보니 정말 구현된 것들이 많아서 놀라움을 자아내기도 했다. 얼마 전 또 다른 영화가 재미있는 시도를 하면서 미래사회는 어떤 모습일지에 대한 시나리오를 제시했다. 영화의 제목은 '백 년(100 Years)'이다. 주연은 연기파 배우로 꼽히는 존 말코비치가 맡았고 유명 감독이 메가폰을 잡았다. 영화는 2015년 11월에 완성됐고, 제작사는 시사회에 초대될 전 세계 선택된 사람들에게 초대장 송부도 이미 마쳤다. 그런데 이 영화에는 〈당신은 보지 못할 영화〉라는 부제가 달려있다.

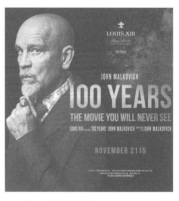

<그림 1> 영화 '백년(100 Years)' 포스터

이 영화의 개봉일이 백 년 후인 2115년 11월 18일이기 때문이다. 영화필름은 현재 시사회 날짜에 자동으로 열리게 고안된 타임캡슐 안에 보관되어 있다고 한다. 이 소식을 접하면서 머릿속에 많은 질문들이 떠올랐다. '주연배우인 존 말코비치를 비롯한 초대장을 받은 사람들은 100년 후에 이 영화를 보러 갈 수 있을까?', '100년 후에도 인류가 과연 영화를 즐기고 싶어 할까?', '100년 후 인간은 어떤 세상을 맞게 될까?'

영화의 줄거리는 비밀에 부쳐졌지만, 트레일러는 공개되어 있다. 각각 다른 내용을 담은 세 편이 제작되었다. 세 개의 가능한 미래를 상상할 수 있도록 한 것이다. 하나는 아무 것도 남지 않은 황무지인 지구, 또 하나는 기계가 인간을 지배하는 디스토피아dystopia, 어두운 미래. 나머지 하나는 기계가 인간을 자유롭게 하고 평화와 번영이 가득한 테크놀로지 파라다이스Technology Paradise다.

우리 혹은 우리 다음 세대들이 맞게 될 미래의 모습은 이 세 가지 시나리오 중 하나라는 것이다. 이 중에서 어떤 미래가 올지 현재로선 알

수 없다. 미래는 '움직이는 과녁'이기 때문이다. 그만큼 예측하기 어렵다는 말이다. 그런데 한편, 미래는 수많은 오늘들이 쌓여서 오는 것이기도 하다. 따라서 '미래를 예측하는 가장 좋은 방법은 직접 만드는 것이다'라는 격언처럼, 우리가 어떻게 만들어 가느냐에 달려있다는 뜻으로 해석 가능하다. 현재의 우리, 즉, 개인, 공동체, 정부가 어떤 방향성을 갖고 어떻게 구축해 나가는가에 따라 우리 미래사회의 모습은 결정될 것이다.

　이 영화에서와 마찬가지로 미래연구자들이 제시하는 미래사회의 모습에서 중요한 단서 중 하나가 '인간과 기술의 관계 맺기'이다. 이상적인 미래사회의 모습은, 기술이 일상생활에 촘촘히 스며들어 있으나 인간이 기술에 압도당하지 않는 세상, 기술이 인간에게 이롭게만 활용되는 세상이다. 즉, 기술들의 혜택으로 신체의 장애나 이동의 제한 등 오랫동안 인류를 불편하게 했던 것으로부터 해방되고 그래서 누구나 마음먹은 데로 꿈을 펼치면서 사는 세상이다.

미래교육의 핵심

이런 맥락에서 미래교육의 핵심을 살펴보자. 미래교육의 목적은 앞서 언급한 바와 같은 이상적인 미래사회를 만들기 위한 교육, 이 미래사회가 도래했을 때 각자가 충만한 삶을 살기 위한 교육으로 요약해볼 수 있다. 이를 위해서는 내용적 측면과 기술적 측면에서 교육시스템의 변화가 요구된다.

먼저 내용적 측면을 간략히 살펴보자. 입시제도가 바뀌어도 변함없는 가치, 전 세계적으로 통용되는 가치, 시공간 제약 없는 미래지향적 가치가 교육의 내용적 측면에서 중심을 잡아야 한다. 이 분야 연구자들이 미래를 결정하는 미지의 요소로 주목하는 것이 '인간 요소Human Factor, 人間要素'다. 감성, 감정, 휴머니티, 인성 등 인간이 가진 고유한 특성들을 극대화하고 활용하는 일, 직업, 생활이 더욱 중요해지기 때문이다. 이는 결국 학교라는 배움터에서 머리가 아닌 가슴에 담을 그 무엇을 심어 주어야 함을 의미한다.

병원을 예로 들어보자. 요즘 로봇이 수술을 집도하는 병원이 늘고 있다. 세밀하고 정교한 수술에 로봇의 실력이 더 뛰어나다는 것이다. 그렇다면 앞으로 인간 의사는 로봇에게 자리를 내어 주고 사라질까? 어쩌면 수술 분야는 로봇이 꿰차게 될지도 모른다. 그런데 의사의 업무는 단지 수술에 국한되지 않는다. 병원에서 의사와 환자 사이에 더욱 중요한 것은 서로 공감대를 형성한 채 병증에 대해 설명하고 치료법에 대해 설득하는 영역이다. 이는 결코 로봇이나 기술이 대처할 수 없다. 의사를 신뢰하면 병의 회복 속도가 빠르다는 연구결과를 포함한 문헌들은 다수다.

사람의 병은 육체에서 나타나지만 그 힐링 과정에는 마음의 작용도 중요하기 때문이다. 단순히 육체의 현상을 진단하는 것이 아니라 원인을 알아내고 개선하고 재발을 막는 조치를 취하는 일련의 치유과정에는 의사가 직접 소통하고 촉진하는 과정이 필수다. 이런 부분은 인공지능이나 로봇이 흉내내기 어렵다. 자동화된 기계가 수술을 더 정교하게 하는 발전은 계속 활용하여 인류를 이롭게 한다. 하지만 인간 의사는 감정을 공유하고 소통하며 치료하는 부분에 더 집중하는 편이 합리적이다.

이렇듯 '인간 요소'는 기술이 점점 더 많은 업무와 일터를 자동화하는 환경을 맞은 인류가 더욱 함양해야 할 교육 내용적 핵심이라 할 수 있다. 실제로 하버드 대학의 데이비드 드밍David Deming 교수의 연구에 의하면, 미국에서 소득이 늘어난 일자리를 분석했더니 커뮤니케이션, 협업, 리더십, 대인관계, 공감 등을 활용하는 분야라고 한다. 이른바 인간관계를 잘 이끌어 나갈 수 있는 역량들이다. 드밍 교수는 몇 년 전까지 만해도 수학이나 과학과 같은 분야의 기술을 가지고 있는 것이 고소득 직업군을 보장했으나 이제는 그렇지 않다고 단언한다. 앞으로 높은 인지능력이나 기술보유에 앞서, 창의적으로 문제에 접근해서 의견을 교환하고 이해시키고 함께 팀 플레이어가 되어 시너지를 이끌어내는 역량이 더 중요해지리라는 것이다. 컴퓨터가 대인관계마저 대체하지는 못하기 때문이다.

기술적 측면에서 미래형 학교 시스템의 구축에는 두 가지 전제가 필요하다. 첫째는 가르치는 자의 시대에서 배우는 자의 시대로의 변화하고 있다는 것이다. 그리고 둘째는 테크놀로지와 사회정서적 스킬의 균형이 그것이다.

가르치는 것이 교육의 핵심인 시스템은 체계화된 지식의 전수, 지식의 주입이 주된 활동이다. 교사가 주도권을 쥐고 일률적으로 이끌어간다. 반면 배우는 것이 교육의 핵심인 시스템은 지식을 활용하는 것이 주된 활동이다. 지식을 활용한다는 것은, 학생이 피동적인 가르침의 대상이 아니라 능동적인 주체가 되는 것을 의미한다. 4차 산업혁명 시대의 교육의 핵심은 배우는 자가 주체가 되는 것이다. 아이들이 단순한 지식을 얻기 위해 어른에게 의존할 필요 없이 손가락 하나로 즉시 답을 얻는 환경이기 때문이다.

4차 산업혁명 시대의 교육은 칸막이를 부수고 해체하며 경계를 넘나드는 것이다. 교과목으로 비유하자면 과학과 음악이, 의학과 미술이, 체육과 국어가 서로 접점을 찾고 거기서 시너지를 일으키고 아주 새로운 범주를 탄생시키는 것이다. 교실에서는 각기 다른 재능과 선호를 가진 학생들이 연령이나 학습 진도에 상관없이 서로 역량을 키우는 협업자가 되어 지식을 사냥하고 자신만의 솔루션을 내놓는 것이다. 획기적인 아이디어가 쏟아지고 살아있는 지식, 창의적인 접근이 활발해지는 형태이다. 또 배움에 시간과 공간의 제약이 없어진 점을 반영해서 한 명의 강사가 다수의 학생들을 일정 시간에 모아 놓고 진도를 빼는 지식의 대량 공급 형태가 아니라, 온라인 등 다양한 기술을 활용해 학생들의 니즈에 맞는 '즉석 배움 환경'을 제공하는 것이다.

새로운 방향성을 구현한 미래형 학교들

현재 세계 곳곳에서 이 새로운 방향성을 실제 구현한 미래형 학교들이 속속 등장하고 있다. 주목할 점은 교육시스템의 변화, 교육혁명을 주도하는 주체가 IT 지식인과 스타트업이라는 점이다. 4차 산업혁명의 파고를 넘기 위해 교육이 바뀌어야 한다는 데 이의를 제기하고 자본과 기술을 투자해서 직접 바꾸고 있다. 특히 실리콘밸리에서 출발한 교육혁명이 미국을 중심으로 세계 곳곳에서 펼쳐지는 점은 매우 흥미롭다.

알트 스쿨

초중고 모델인 알트 스쿨Alt School은 2013년에 구글 직원이었던 맥스 벤틸라Max Ventilla가 설립한 학교다. 개별화 수업, 무학년제, 교과서 없애기, 프로젝트기반 수업을 특징으로 한다. 현재 유치원생에서 중학생까지 알트 스쿨에 다니고 있다. 나이에 따라 반을 나누는 대신, 아이의 흥미와 특성에 따라 반을 나누고 학생 개인에게 맞춤화된 교육을 제공한다. 교사가 화두를 던져 학생들에게 궁금증과 호기심, 배우고자 하는 동기를 이끌어내고, 프로젝트 수업을 통해 답을 찾아 나간다. 학생들은 배우고 익힌 것을 글쓰기, 미술활동, 퍼포먼스 등으로 만들어 가족 친구들 앞에서 공개한다. 평가는 일률적인 시험 대신 교사와 학생의 실시간 피드백을 통해 1년 내내 이뤄진다.

이를 위해서 알트 스쿨에서는 교사, 학생, 학부모가 공통된 디지털 플랫폼에 피드백을 남기며, 교사는 데이터를 기반으로 아이에게 알맞은 교육 커리큘럼을 완성한다. 소프트웨어를 활용해 학생과 교사가 맞춤형 커리큘럼을 짜고 학습 상황을 체크하도록 돕는다. 학부모와는 스마트폰 앱으로 소통한다.

전직 구글 임원이 공동 설립자인 이 미래형 학교가 투자자들을 모집하자 엄청난 자금이 몰려들었다. 지금까지 2천억 원을 투자 받아서 학교를 운영하고 또 새로 개교하고 있다. 마크 주커버그^{Mark Elliot Zuckerberg} 페이스북 최고경영자^{CEO}도 투자자 중 한 명이다. 알트 스쿨은 배우는 자에게 주도권을 주는 교육 모델이자 기술적 측면에서 교육 시스템을 미래형으로 구축한 학교로 각광받고 있다. 각자마다 다른 속도와 방식으로 배움을 터득하고, 전혀 다른 배움의 경험을 통해 내가 무엇을 잘하고 어떤 것에 관심이 있는지를 찾아갈 수 있는 플랫폼이다. 이는 기술력이 동반되었기에 가능해진 교육의 커스터마이징^{Customizing}이라 할 수 있다.

미네르바 스쿨

미래형 대학모델인 미네르바 스쿨^{Minerva School}은 현재 5년 차 신생대학으로, '아직 존재하지 않는 직업'에도 가장 잘 어울리는 인재를 만드는 것이 목표다. 지식을 다양한 전공과 상황에 적용할 수 있는 '지혜'를 기르는 것이 전공지식보다 더 중요한 점임을 강조한다. 이 대학은 캠

퍼스가 전 세계에 펼쳐져 있다. 학생들은 전 세계 7개 도시에 있는 기숙사를 3~6개월마다 옮겨 다니며 생활한다. 각 도시의 유명 기업과 연계되어 있는 프로그램을 통해 실험적이고 도전적인 프로젝트를 수행하는 것도 교육과정이다.

강의는 자체 개발한 온라인 '액티브 러닝 포럼Active Learning Forum'이라는 플랫폼에서 이뤄지므로 학생들은 강의실을 찾아다닐 필요가 없다. 자기가 있는 곳이 교실이 된다. 수업은 온라인으로 얼굴을 마주하고 실시간 토론식 세미나 형태로 진행된다. 미네르바 스쿨은 응용력과 융합적 사고를 학생 평가의 가장 중요한 잣대로 삼고 있다. 이런 혁신적인 접근이 가능한 배경에는 미네르바 스쿨이 스타트업처럼 벤처자본의 투자를 받아 설립된 점이 주효했다. 벤처창업가 벤 넬슨Ben Nelson의 제안으로 하버드대 사회과학대학장을 지낸 스티븐 코슬린Stephen Kosslyn, 오바마 정부시절 정책자문위원을 지낸 비키 챈들러Vicki Chandler 등이 주도했으며 실리콘밸리 벤처캐피탈업체가 투자해 학·석사 학위과정으로 탄생되었다. 미네르바 스쿨에 대해 '스타트업 대학'이라는 별칭이 붙는 이유다. 설립추진 초기에는 개교가 가능할 것인가에 회의적인 여론이 무성했으나 현재 하버드대학보다 더 들어가기 힘든 대학이라는 명성을 얻었다. 세계 각국에서 다양한 학생들이 몰리고 있어, 2016년에는 306명을 뽑는데 1만 6천여 명이 지원해 합격률 1.9%를 기록했다.

교육 변화를 통한
새로운 창업의 방향과 전망

이렇게 최근 등장한 미래형 학교들은 4차 산업혁명을 이끌 인재를 키우기 위한 시스템을 갖추고 학생들을 맞이한다. 이런 학교들이 교육시장의 판도를 바꿔 나가고 있다. 에듀테크를 통해 학교가 기존 한계를 벗어나 새로운 패러다임으로 접어들고 있기 때문이다. 미래형 학교의 쇄신으로부터 자극을 받은 공교육분야에서도 부분적으로 바뀌 나가려는 시도를 하고 있다. 각국의 정부들이 에듀테크 시스템을 공교육과 접목하는 사례가 늘어감에 따라 향후 이 분야의 확장이 더욱 가속화될 전망이다.

현재 에듀테크 전성기를 이끌고 있는 스타트업들을 살펴보면, '가르치는 자의 시대'에서 '배우는 자의 시대'로의 변화, 테크놀로지와 사회 정서적 스킬의 균형이라는 커다란 범주안에서 다양한 프로그램들을 선보이고 있다. 에듀테크들은 시장에 선 보인 후 정규학교에 시스템이나 서비스 공급권을 획득하면 보다 빨리 안정적인 성장단계에 진입하기도 한다.

에듀테크 기업 '키덤Kiddom'은 개인맞춤화교육을 목표로 한다. 실리콘밸리의 스타트업이 2015년에 설립했다. 교사가 학생 개개인을 파

<그림 2> 키덤 홈페이지
출처: https://www.kiddom.co/

악해서 각자에 맞는 학습 진도와 내용을 설정하고 아이가 하나씩 해 나가는 것을 체크할 수 있으며 피드백을 주고받는 디지털 플랫폼이다. 학생들의 만족도가 높고 교사와 학부모의 호응도 좋아 현재 미국 학교의 70%가 이 시스템을 도입할 만큼 빠른 속도로 성장하고 있다. 마이크로소프트의 빌 게이츠와 페이스북의 마크 주커버그도 이 기업에 투자했다.

'라이브 스쿨Live School'은 데이터 분석 기술을 기반으로 하는 소프트웨어다. 학생의 숨겨진 재능과 역량을 파악할 수 있도록 하는 것이 목표다. 교사는 학생의 행동을 분석해서 각자가 무엇을 좋아하고 잘하는지 가늠할 수 있고 이에 따라 맞춤형 진로설계에 활용할 수 있다. 문제행동의 원인을 파악하거나 사전에 사고를 예방하는 데도 활용된다. 이 소프트웨어 또한 여러 학교에서 도입이 늘고 있다.

전직 과학교사와 IT전문가가 함께 만든 '미스터리 사이언스Mystery Science'는 과학수업에 있어서의 변혁을 꿈꾼다. 과학수업이 세상에서 제일 지루한 시간이라서나 어렵고 이해하기 힘든 과목이라는 편견을 깨고 아이들이 세상의 신비를 풀어가고 과학적 발견을 스스로 하게 만드는 것이 목표다. 예컨대 식물의 광합성이라는 주제를 교과서로 배운다면 식물의 구조, 광합성의 원리 등을 설명하는 방식을 따른다. 그런데 미스터리 사이언스는 동영상과 토론, 질문, 강의 계획을 패키지로 구성하여 하나의 주제를 알아가는 방식이 마치 수수께끼나 미스터리를 풀어가는 것처럼 흥미진진하다. 식물의 광합성에 대한 동영상을 시청한 아이들은 자연스럽게 "식물은 무엇을 먹고 사나요?" 등의 질문을 쏟아내고 교사는 아이들이 스스로 그 질문에 답을 찾아가도록 가이드를 한다. 답을 확인하기 위해서 아이들은 실험하거나 모델을 만들며 제 손으로 직접 해결책을 알아낸다. 단순 지식은 외울 필요가 전혀 없다. 직접 보고 궁리해서 답을 찾은 것은 잊히지 않기 때문이다. 그 과정이 몸과 마음에 체득됨은 말할 것도 없고 경험들은 켜켜이 쌓여 실생활에도 응용하게 된다. 미스터리 사이언스는 교사가 동료 교사에게 추천하는 프로그램으로 유명하다. 교사는 누구나 무료로 일 년간 이용할 수 있고 학기말에 학교나 교구가 멤버십권을 구매하면 지속적으로 사용 가능하다. 현재 미국 초등학교의 10%, 100만 명 이상의 학생들이 이 프로그램을 이수한 것으로 집계되었다.

 **Plant & Animal Secrets**
Plant & Animal Needs
NGSS Available

 Weather Watching
Weather & Seasons
NGSS Available

 Force Olympics
Forces, Machines, & Engineering
NGSS Available

 Plant & Animal Superpowers
Plant & Animal Structures and Survival
NGSS Available

 Spinning Sky
Sun, Moon, & Stars
NGSS Available

 Lights & Sounds
Properties of Light & Sound
NGSS Available

 Animal Adventures
Animal Biodiversity
NGSS Available

 Plant Adventures
Plant Adaptations
NGSS Available

 Work of Water
Erosion & Earth's Surface
NGSS Available

 Material Magic
Properties & Phases of Matter
NGSS Available

 Animals Through Time
Animal Survival & Heredity
NGSS Available

 Power of Flowers
Plant Life Cycle & Heredity
NGSS Available

 Stormy Skies
Weather & Climate
NGSS Available

 Invisible Forces
Forces, Motion, & Magnets
NGSS Available

 Human Machine
Human Body, Senses, & the Brain
NGSS Available

 The Birth of Rocks
Rock Cycle & Earth's Process
NGSS Available

 Waves of Sound
Sound, Waves, & Communication
NGSS Available

 Energizing Everything
Energy, Motion, & Electricity
NGSS Available

 Web of Life
Ecosystems & the Food Web
NGSS Available

 Watery Planet
Water Cycle & Earth's System
NGSS Available

 Spaceship Earth
Sun, Moon, Stars, & Planets
NGSS Available

 Chemical Magic
Chemical Reactions & Properties of Matter
NGSS Available

<그림 3> '미스터리 사이언스'의 다양한 커리큘럼

출처: https://mysteryscience.com/

한편 에듀테크 분야는 교육에 있어 테크놀로지와 사회정서적 스킬의 균형이라는 막중한 과제에 해결책을 제공하고 있기도 하다. 앞서 살펴본 바와 같이 시스템적인 면에서 미래형으로 바뀌 나가는 데도 활용되지만, 미래교육의 내용적 핵심이라 할 수 있는 공감, 열정, 이해를 향상시키기 위해서도 활용되고 있다. 대표적인 것이 가상 현실Virtual Reality 기술과 사회정서적 학습의 결합이다.

미국과 유럽의 학교들에서 가상현실을 활용한 공감과 커뮤니케이션 능력 향상 교육이 급속도로 확산되고 있다. 텍사스의 한 학교에서는 '파자마를 입은 소년', '안네 프랑크의 일기' 등을 배우는 과목에 학생들이 VR 고글을 쓰고, 나치가 유럽을 점령해서 벌어진 일들을 생생히 보며 문학수업을 진행한다. 이를 통해 읽는 스토리의 맥락이 공감을 불러일으키고 그 이야기와 자기 자신이 동떨어진 게 아니며 인류가 고통받는 전쟁의 참상에 대해 보다 깊은 이해를 하게 된다. 그리고 사회에서 다시 일어나서는 안되는 일은 무엇이고 더 좋은 사회를 만들기 위해 해야 할 일에 대해 스스로 생각하고 구체적으로 접근할 수 있게 된다. 이런 과정은 학생들에게 공감과 커뮤니케이션 능력 향상을 가져온다. 실제로 VR을 동기부여, 액티브 러닝, 대인관계 향상 등 사회정서적 역량을 높이는 목적으로 활용하고 있는 26개 학교를 분석한 연구결과에 의하면, 사용하기 전보다 아이들의 사회정서적 역량이 훨씬 높아진 것으로 나타났다.

이처럼 첨단 기술을 교육에 접목해 새로운 교육 플랫폼, 시스템, 서비스 등을 만들어내는 에듀테크는 4차 산업혁명과 학교를 이어주는 가교 역할을 하고 있다. 4차 산업혁명이란 한마디로 끊임없이 융복합 하는 것, 고인 물이 아니라 흐르는 물에 비유된다. 이런 시대에 역동적인 삶이란 전 생애에 걸쳐 공부하고 바꾸고 변화하고 이동해야 함을 의미한다. 여기에 부응하려면 학교는 평생에 걸쳐 배움이라는 근육에 계속 고차원적 윤활유를 쳐주는 기관으로 변신해야 한다. 에듀테크는 이를 가능하게 할 강력한 무기로 자리하게 될 것이다. 미래교육을 위해 다양한 문과 새로운 길을 제시할 수 있기 때문이다.

　세계가 교육 전쟁이라고 부를 정도로 미래세대를 준비시키기 위한 교육시스템 정비와 개선에 많은 힘을 쏟고 있는 현재, 정부 차원뿐 아니라 뜻있는 사람들이 새로운 모델을 제시해서 기존의 시스템에 경종을 울리고도 있다. 게다가 이제 교육은 정규학교를 졸업하면 끝나는 일이 아니라 평생에 걸쳐 인간에게 가장 중요한 일 중 하나가 되어가고 있다. 단순히 진학과 직업을 얻기 위해 필요한 수단이 아닌, 이 급변하는 환경에서 자신을 쇄신하기 위한 일상이자 습관이 되는 세상이기 때문이다. 필연적으로 교육과 관련된 전 세계 시장은 빠른 속도로 커지고 있다.

　앞으로 에듀테크가 개발할 미래교육 기술들은 무궁무진하며 시장 자체도 니즈가 크다. 요컨대 에듀테크는 미래교육을 위해서도 반드시 필요하고, 또 산업면에서도 신성장동력이 될 수 있는 분야라 할 수 있다. 교육 분야에 혁명을 불러올 잠재력을 지닌 에듀테크 기업의 활성화를 위해 창업자, 투자자, 사용자 간의 활발한 생태계 구축을 위한 환경이 필요한 이유다. 정부 차원의 지원과 청년기업가들의 참여가 있다면, 더 좋은 교육시스템이 만들어질 것이고, 또 성장률이 높은 분야인 만큼 국가 산업 시스템에도 활력을 불러오리라 기대된다.

혁신이란 한 가지 문제에 다양한 해결책이 있음을

선세하는 태도이다.

단 하나의 정답에만 몰두하면 다양한 시도를 하지 않게되고,

실패하면 경직되어 재시도하기까지 오래 걸린다.

게다가 서로 견제하고 눈치 보느라 협력을 하지 않는다.

이 같은 패턴이 고착화되면 혁신은 요원하다.

이제는 혁신성장의 목적과 목표에 대해 점검이 필요한 시점이다.

기술혁신, 생산성 제고 등의 가치는

'누구'를 그리고 '무엇'을 위한 것인가?

팽창을 위한 것이 아닌

'인간의 행복을 위한 혁신성장'이 되기를 기대한다.

송은주

저자 송은주 박사는 현재 문화은행 고문, 퓨쳐라이프랩 랩장
으로 있으며, 한국행복정책연구원 연구위원이다. 전 컬쳐리더
인스티뉴트 대표로 그리고 국회의장 자문위원회 위원으로 활
동한 바 있다.

한류

유럽에서 바라본
한국콘텐츠의 현주소

근래 들어, 한류처럼 경제와 문화에 있어서 양적 성장과 질적 성장을 이룩해 낸 것은 거의 없다고 할 수 있다. 한류는 이제 대한민국을 바라보는 외부의 모든 사람들에게 하나의 얼굴이자, 발전의 시금석이 되고 있다. 한류는 한국의 발전을 주도할 매우 주요한 동력원이 될 것으로 기대된다. 한편으로 우리에게는 보다 혁신적인 성장을 만들어 가기 위해 이전 어느 때보다 전략적인 접근이 필요하다. 지속 가능한 혁신이 되도록 하기 위해 의미 있는 생각의 도출을 이끌어내 보자.

방탄소년단,
유튜브 세대의 비틀즈

"한국에서 무엇인가가 우리에게 다가오고 있다. 아니다. 사실은 이미 오래전부터 있어왔다. 한류라는 이름의 그 무엇은 정치와는 무관하다. 겁먹을 필요 없다. 한류는 패션과 음악, 뷰티, 그리고 음식문화로 세계를 열광시키고 있는 현상. 동아시아에 위치한 나라 한국이 지닌 혁신적인 에너지에 대한 놀라움을 달리 부르는 말이다."

2018년 1월 31일 독일의 유력지 《디차이트Die Zeit》는 "지금 아시아에서는 미래가 태동하고 있다"라며 라이프스타일을 선도하는 '쿨한 한류'에 관한 뉴스를 보도했다. 기사에 따르면, 독일의 베를린, 함부르크, 뮌헨에 새로 생겨난 한국 음식점에서 독일인들이 맵고 시큼한 김치와 비빔밥을 주문하고, 독일의 특급 셰프들의 레시피에 고추장과 참기름이 포함되고 있다는 것이다. 하지만 그게 전부가 아니다.

"K-패션과 K-팝, 그리고 K-뷰티도 있다. 최근 한국은 많은 부분에서 트랜드 세터trend setter의 역할을 하고 있다. 칼 라거펠트Karl Lagerfeld는 서울이 패션시티로서 지니고 있는 잠재력을 일찍부터 간파하고 이미 2014년에 서울에서 샤넬 크루즈 쇼를 개최했다. 패션계에서는 이미 오래전부터 저명한 인물들이 있었고, 아시아에서도 그들을 선망하

<그림 1> 방탄소년단
출처: google

고 있지만 라이프스타일 분야에서 한국은 오래전부터 이미 고유한 자
의식을 발전시켜 나가고 있다."

빌보드 1위에 입성

2018년 5월 방탄소년단이 빌보드 차트 1위에 오르자 미국과 유럽, 아
시아의 주요 언론들이 케이팝의 성공비결과 전세계에서 불고 있는 한
류 열풍을 집중적으로 조명하기도 했다. 가령, 프랑스의 《르피가로Le
Figaro》는 이들 그룹을 두고 "유튜브 세대의 비틀즈"(2018. 10. 19.)라고
치켜 세웠다. 이들의 성공 덕분에 '한국어'에 대한 관심도 떠올라 '한글
배우기'가 하나의 유행처럼 번지고 있다는 것이다.

필자는 2014년 2월부터 만 4년 동안 유럽의 동쪽에 있는 한 나라, 헝가리에서 한국문화원장으로 일했다. 방탄소년단이 출범한 것이 2013년이었으니 어쩌면 유럽에서 서서히 불기 시작했던 '방탄 열풍'은 내임기와 거의 일치했던 것이다. 이들의 이름을 처음 듣게 된 것도 이 동유럽의 한 도시에서였다. 케이팝 팬인 헝가리 10대들에게 "누구를 가장 좋아하느냐"라고 물었을 때, 한결같이 "BTS!"라고 답했다. BTS? 그런 아이돌 그룹도 있었나? 한국의 케이팝을 마치 수능 시험공부하듯 파고드는 친구들이었으니, 그저 그런 B급 그룹이겠거니 했다. 그런데 불과 5년여 만에 이들은 비틀즈가 세계를 정복하듯 세계 대중음악계의 정상으로 등극했던 것이다. 2018년 1월 현재 헝가리에만 8개의 방탄소년단 팬클럽이 결성되어 있고, 회원 수는 모두 2만 7천여 명에 이른다.

　헝가리는 지리적으로는 유럽의 중심부에 있는 국가이지만 우리에게는 여전히 낯선 나라다. 수도인 부다페스트와 한국은 아직 직항로도 개설되어 있지 않고, 비행시간만도 12시간 이상 걸리는 나라다. 이런 지리적 거리보다 더 멀게 느껴지는 것은 이 나라가 1989년 이전만 해도 구 사회주의권 국가였다는 사실이다. 그래서 우리에게는 오랫동안 어둡고 음산한 날씨, 국영상점 앞에 길게 늘어선 줄, 무표정한 거리의 사람들 등의 이미지로 각인되어 왔다. 아마도 중년 이상의 한국인들이라면 시인 김춘수가 써서 교과서에도 실렸던 〈부다페스트에서의 소녀의 죽음〉이라는 시를 통해 이 나라를 기억할 것이다. '느닷없이 날아온 수발의 소련제 탄환'에 쓰러진 헝가리 소녀, 이것이 우리를 지배하는 헝가리에 대한 인상이었던 것이다.

한국문화원, 한국 문화 전파의 산실

한국과 헝가리가 가까워지게 된 결정적인 계기는 1989년 두 나라 간에 정식으로 외교관계를 수립하면서부터라고 할 수 있다. 말하자면, 헝가리는 구 사회주의권 국가 가운데 우리와 처음으로 수교를 맺은 나라다. 이 나라를 시발로 하여 인근의 폴란드(1989년), 러시아(1990년) 등이 잇따라 한국과 외교관계를 수립하면서 비로소 우리의 북방외교가 결실을 맺기 시작했던 것이다. 우리의 유럽에 대한 상상이 영국, 독일, 프랑스 등의 서유럽 국가들에 국한되어 있었다면, 그때부터 헝가리를 비롯한 동유럽 국가들이 우리 생각 속에 들어오기 시작했던 것이다. 부다페스트에 있는 한국문화원은 우리 외교관계의 진전과 확산이라는 흐름 속에서 지난 2012년 개원했다.

2018년 현재 전 세계의 한국문화원은 모두 27개국 32개소에 이르

<그림 2> 전세계 한국문화원 현황, 27개국 32개소

고 있다. 그중 유럽은 한국문화원이 가장 많은 곳이기도 한데, 이는 유럽이 '문화적인' 측면에서 오랫동안 세계의 문화적 흐름을 주도해왔다는 사실과 관련되어 있을 것이다. 영국, 프랑스, 독일 등 주요 서유럽 국가들을 비롯하여 스페인, 이탈리아, 폴란드, 벨기에, 헝가리 등에 문화원이 개설되어 해당 국가에 한국 문화를 소개하고 전파하는 일을 하고 있다. 한국 문화의 세계화라는 측면에서 유사한 기능을 수행하는 기관들도 여럿이다.

한국어를 전 세계에 보급하고 있는 세종학당은 무려 54개국 171개소가 있고, 우리 콘텐츠를 국제무대에 소개하는 콘텐츠진흥원은 5개국 6개소, 한국관광공사도 22개국에 32개 해외지사를 두고 있다. 우리는 세계 10위권의 경제력을 가지고 있을 뿐만 아니라 문화적인 측면에서도 그에 상당하는 국제적 역량을 보유하고 있는 셈이다. 세계적 거장의 반열에 오른 홍상수, 박찬욱, 봉준호 감독 등이 대학시절 우리나라에 있는 프랑스문화원, 독일문화원 등에서 영화를 보며 작가적 역량을 키웠다는 사실을 생각해보면, 전 세계에 산재한 이들 기관들이 이후에 해당 국가에 미칠 파급효과를 상상해볼 수 있을 것이다.

중유럽의 문화중심국가, 헝가리

동구의 긴 겨울이 아직 끝나지 않았던 2월 말, 한국의 제주공항보다 작은 부다페스트 공항에 첫 발을 내디뎠을 때의 기억이 여전히 생생하다. 남한 면적보다 작은 국토, 1천만 명이 못 되는 인구, 1인당 GNP가 1만 2천 달러 수준인 나라. 체제 전환 이후 모범적인 경제성장을 보이다 지나친 개방과 민영화로 국제통화기금IMF의 구제금융을 받아 가까스로 다시 일어서고 있는 나라. 이 나라가 보여주는 대외적 지표들은 그리 밝아 보이지 않았다. 사람들의 표정 또한 동구권 국가 특유의 무표정함이 도드라졌다. 헝가리는 자살률이 세계 2위(불명예스럽게도 1위는 바로 우리 한국이다)일 정도로 비관주의적 정서가 만연한 곳이었다. 과연 이곳에서 한국 문화를 어떻게 전파하고 확산할 것인가. 여기도 케이팝이, 한국 영화가, 〈대장금〉을 비롯한 한국 드라마가 인기를 끌 수 있을까. 미리 말하지만 그건 쓸데없는 걱정이었다.

　아는 만큼 보인다고 했던가. 헝가리를 알면 알수록 필자는 이 나라의 깊은 매력에 점점 빠지게 되었다. 19세기 오스트리아-헝가리 이중 제국 시대의 황금기를 거치면서 이 나라는 유럽의 중심적인 문화국가로 발돋움했다. 1,2자 대전의 '패전국'으로 몰락하기 전까지 헝가리, 그리고 수도 부다페스트는 '도나우 강의 진주'로 불리면서 중유럽 일대의 문화적 중흥을 주도한 나라였던 것이다. 물리, 화학, 의학 등 기초과학 부문을 중심으로 노벨상 수상자만 해도 18명에 이르고 우리가 매년 그토록 고대하는 노벨문학상도 이미 헝가리 작가 임레 케르테스^{Imre Kertesz}가 2002년에 수상했던 것이다. 올림픽에서도 매번 10위 안에 드는 스포츠 강국이기도 했다.

인구 규모와 나라의 크기에 비할 때 헝가리가 보여주는 역사적 성취는 놀라운 바가 있었다. 구소련이 사회주의권을 사실상 지배하던 냉전 시기에 소련의 패권에 역사적으로 의미 있는 저항을 했던 국가가 폴란드, 헝가리, 체코 등 3개 국가에 불과했다는 사실은 매우 의미심장하다. 쇼팽의 폴란드, 드보르작의 체코, 리스트의 헝가리 만이 소련의 탱크와 압제에 대항하여 봉기 내지는 저항을 했던 것이다. 한나라가 가진 문화적 자산과 성취는 국민적 자부심과 자존감의 근원인 것이다. 오랜 문화적 전통과 위대한 성취의 경험은 자신들의 권리를 옹호하고, 독립성을 유지하는 저력의 원천이 되었을 것이다. 이들이 스스로를 '동유럽^{Eastern Europe}'이 아니라 '중유럽^{Central Europe}'이라고 부르는 까닭도 바로 거기에 있을 것이다.

헝가리에서의 한류,
자발성의 의지와 힘

헝가리 한국문화원장으로 일하면서 새삼 다시 '발견'하게 된 것은 이곳에 불고 있는 한류의 힘이었다. 아니, 이렇게 말하면 이미 너무 잘 알려진 사실이어서 별 감흥이 없을 지도 모른다. 다른 말로 표현하자면, 한류에 열광하는 사람들의 집단적 존재와 이들의 열정이라고 말하는 것이 보다 사실에 근접한 표현일 것이다. 한국 드라마의 시청률이 높다거나 한식당에 사람이 많다는 이야기가 아니다. 여기서의 한류는 한국 문화를 배우고 익히며, 그것을 매개로 커뮤니티를 만들고, 이들이 한국 문화 관련 이벤트를 조직하고 운영한다는 의미다. 한국문화원은 그런 활동의 촉매일 따름이지 이런 조직적 행위를 하는 것은 현지 헝가리인이고 그들의 자발적 의지다.

이것은 점차 증가하고 있는 문화원 방문자 수, 문화원 주최의 행사 참여자 수에서 단적으로 드러난다. 부임 첫해에 문화원을 방문자는 대략 2만 2천 명 수준이었지만, 그 후로 점차 늘어나 2018년 현재는 대략 5만 명 정도가 방문한다. 한국어 강좌는 초급, 중급, 고급을 모두 합쳐 대략 20여 개의 반이 운영되고 있고, 서예, 태권도, 케이팝, 전통무용, 국악, 한국화, 한식, 수공예, 다도 등 10여 개 강좌가 매일 열리고 있다.

<그림 3> 2017년 제 10회 헝가리 한국영화제 포스터

10대 아이들부터 60대 할머니에 이르기까지 다양한 연령층이 사람들이 문화원 강좌를 수강한다. 이외에도 문화원이 아닌 현지의 일반 문화공간에서 클래식 공연에서 재즈 공연, 비디오아트 전시회부터 한국 다큐멘터리 사진전, 판화전에 이르기까지 다양한 공연과 전시도 이뤄진다.

한류는 한국어에서 케이팝까지 다양한 층위와 장르를 포괄한다. 거기에는 대중음악, 영화 등이 중심이 된 대중문화 한류도 있고, 전통문화 한류, 한국어 중심의 한글 한류, 음식에 초점을 맞춘 한식 한류, 게임 한류 등 여러 하위 분야가 있다. 유럽의 여러 국가들이 선호하는 장르와 분야가 다르지만, 헝가리에 국한해서 말한다면 한류의 전 영역을 포괄하고 있다고 말하는 것이 타당할 것이다. 대중문화 한류 중에서도 10, 20대는 케이팝, 30대는 한국 영화, 40대 이상에서는 한국 드라마가 인기를 구가하고 있다.

한국 음식은 새로운 음식 트렌드로 서서히 확산되고 있고, 한국의 무용이나 국악에 대한 팬들도 증가하고 있다. 2009년 유럽에서 처음으로 공중파 TV에 방송된 드라마 〈대장금〉은 합계 시청률 51%라는 경이적인 기록을 달성하기도 했다.

현지인들의 한국 문화에 대한 열정이 잘 조직화된 사례는 매년 개최되는 '헝가리 한국영화제'일 것이다. 2018년까지 11회째를 맞는 한국영화제는 기획에서부터 영화 선정, 자막 번역, 영화제 운영에 이르기까지 헝가리의 한국영화 동호회 회원들이 주도한다. 이들은 연초 자신들이 일차적으로 선정한 한국 영화 100여 편을 대상으로 전체 커뮤니티 회원들의 설문을 받아 상영작 20-30여 편을 선정한다. 그리고 이들이 헝가리어 자막 번역을 하고 영화 관객들을 모으고 이벤트를 벌인다. 수도인 부다페스트에서만 그런 것이 아니다. 루마니아와 우크라이나, 크로아티아 같은 나라 근처에 있는 국경도시들인 세게드, 페치, 데브레첸 등 인구 20여만의 소도시에서도 한국영화 동호회 회원들을 쉽게 찾아볼 수 있다. 대다수 한국인들은 이들 도시들에 대해 아마도 이름도 들어보지 못한 곳일 터이다.

2014년까지 부다페스트의 1개 극장에서만 진행되었던 한국영화제가 2015년부터 부다페스트를 포함하여 4개 도시, 6개 상영관으로 확대되어 진행될 수 있었던 것은 바로 이들의 활동 덕분이다. 한국 교민이 영화제를 조직하거나 대사관이나 문화원이 처음부터 진행하는 대개의 해외 한국영화제와는 애당초 차원이 다른 것이다. 한국문화원에서는 격주마다 한국 영화 상영회 '코리안 무비로드'를 진행하는데, 이 상영회 역시 헝가리 한국영화 동호회가 기획하고, 준비하고, 운영한다. 여기에는 매회 80여 명의 헝가리 관객들이 참여한다.

부임 이후 '한국 문화 커뮤니티 육성'을 운영 전략으로 삼은 이유도 바로 이런 배경에서다. 한류는 어쩌면 세계적인 대중문화 현상의 하나로서 일시적 유행일 수도 있고, 현재처럼 케이팝 중심으로 진행된다면 그 지속성을 유지하기는 쉽지 않을 것이다. 그러나, 한국 문화를 배우고 익히고 즐겼던 '사람'들은 오래 지속되는 법이다. 공자도 일찌감치 말씀하셨지 않은가. '아는 것은 좋아하는 것만 못하고 좋아하는 것은 즐기는 것만 못하다子曰, 知之者 不如好之者, 好之者 不如樂之者'라고 말이다. 현지에서 한국 문화를 스스로 찾아서 즐기고 그것을 친구와 주변 사람들과 함께 나눌 수 있는 사람들을 확산하는 것은 어쩌면 한류를 가장 오랫동안 지속하고 확대할 수 있는 하나의 방법이리라.

헝가리에는 현지인으로 구성된 한국전통 무용단인 '무궁화 무용단'이 있다.(무궁화는 봄 여름이면 헝가리 들판에 지천으로 피는 꽃이다. 이들의 이름에 무궁화가 붙은 것은 한국의 국화여서가 아니라, 가장 헝가리적인 꽃 중의 하

<그림 4> 헝가리 무용단의 2015년 7월 국립국악원 공연

나이기 때문이다.) 올해로 결성 6년째를 맞는 이들은 2012년 말 헝가리 문화원에서 한국무용 강습을 받았던 15명의 헝가리 여성들로 구성되어 있다. 강좌가 끝난 뒤에도 이들은 흩어지지 않고 아예 무용단을 만들었다. 초급 강좌를 통해 익힌 춤사위를 유튜브 동영상을 보며 연습하던 이들을 위해 문화원은 아예 강사를 초빙해 본격적으로 한국 무용을 가르쳤다.

그러기를 한 3년여, 이들의 기량은 한국의 국립국악원에서 공연을 가질 정도로 향상되었다. 2015년 해외 아마추어 공연팀으로는 처음으로 국립 국악원 우면당과 전주의 전통문화관에서 공연을 한 데 이어 2016년에도 경기도 포천시의 초청으로 내한 공연을 했다. 2017년에는 슬로바키아와 이탈리아의 세계 민속춤 축제에 초청되는 등 현지에서 한국 무용 전문 단체로서 제 역할을 톡톡히 해내고 있다. 이들의 구성은 대학생에서부터 학교 교사, 회계사, 항공사 직원에 이르기까지 아주 다양하다.

이들은 한국춤이 좋아서 직장 일이 끝나는 저녁마다 문화원에 와서 연습 하느라 땀을 흘린다. 비유하자면, 한국인이 베트남 문화원에서 하는 베트남 민속춤 강좌를 수강하다 아예 베트남 민속 무용단을 만들어 일주일에 세 번씩 연습하는 형국인 것이다. 과연 이런 한국인이 얼마나 될 것인가. 헝가리 회사에 다니던 이 무용단 단원 중 하나는 아예 회사를 그만두고 무용을 배우기 위해 한국의 대학원에 진학했다.

비단 이런 한두 사례만이 아니다. 헝가리에 한국 문화 커뮤니티는 지속적으로 늘어나고 있다. 부임 이듬해인 2015년 헝가리 한국 문화 관련 커뮤니티는 110여 개였다. 그러나 그 뒤로 170여 개로 늘어났고, 2017년 조사에서는 236개에 이르고 있다. 인터넷에 커뮤니티 사이트나 그룹을 만들어 활동하고 있는 커뮤니티 수가 이 정도에 이른다는 이야기다.

물론, 이중 80%가량은 케이팝 관련 댄스 동호회와 팬클럽이다. 하지만 거기

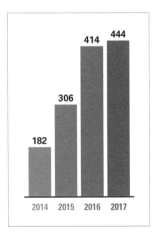

<그림 5> 유럽의 한류 동호회 추이
출처: 지구촌한류현황, KF

에는 한국어, 한국 영화, 한국무용, 가야금, 태권도, 한국산 게임, 패션, 지방의 한국문화 동호회 등등 참으로 다채로운 동호회가 존재하고 있다.

헝가리 문화원은 한국에서 전문 단체나 예술가를 초청하지 않고도 이들 동호회원 만으로도 '한국 문화 축제' 쯤은 거뜬히 치러낼 수 있게 됐다. 이들은 지금의 한류가 시들어진 다음에도 한국에 대한 든든한 현지 후원자로 남아 있을 것이다. 2017년에는 이들 한류 동호회가 모여 자발적인 '한류문화재단'을 출범시켰다. 한국 영화, 케이팝, 한국무용, 태권도 등 분야별로 주요 19개 단체의 대표자가 모여 현지 당국에 문화재단 설립 신고를 하고 공식 출범한 것이다. 이런 경우는 세계적으로 참으로 드문 경우인데, 헝가리의 인구와 경제규모 등을 고려하면 더더욱 놀라운 일이다. 말하자면 지속 가능한 한류를 위한 현지의 인적 인프라인 셈이다.

한류에 대한 시야를 유럽 국가 전체로 돌려 보자. 한류의 지속과 확산을 위해 설립된 한국국제문화교류진흥원KOFICE에서 발간한 《글로벌 한류 트렌드 2018》에 따르면, 유럽 지역에서 가장 인기있는 한류 콘텐츠는 '한국 음식'이었다. 헝가리, 폴란드, 체코 등의 동유럽 국가들에서 한식은 이제 막 트렌드가 되고 있지만, 영국, 독일, 프랑스 등 서유럽 국가에서 한식이 건강한 고급 음식으로서 유명 레스토랑의 단골 메뉴로 등장했다는 뉴스는 이제 식상할 정도로 많다. 한식에 이어 패션 뷰티와 음악케이팝, 그리고 애니메이션이 뒤를 잇고 있다. 온라인 모바

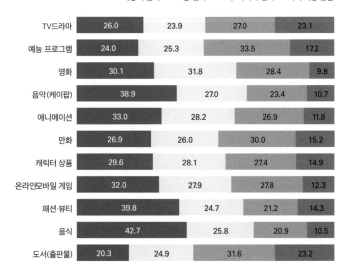

	대중적 인기	보통 인기	소수 마니아 인기	거의 이용 안함
TV드라마	26.0	23.9	27.0	23.1
예능 프로그램	24.0	25.3	33.5	17.2
영화	30.1	31.8	28.4	9.8
음악(케이팝)	38.9	27.0	23.4	10.7
애니메이션	33.0	28.2	26.9	11.8
만화	26.9	26.0	30.0	15.2
캐릭터 상품	29.6	28.1	27.4	14.9
온라인모바일 게임	32.0	27.9	27.8	12.3
패션·뷰티	39.8	24.7	21.2	14.3
음식	42.7	25.8	20.9	10.5
도서(출판물)	20.3	24.9	31.6	23.2

<그림 6> 가장 인기 있는 한류콘텐츠

대중적인 인기가 가장 높은 한류콘텐츠는 '한국 음식(42.7%)'이며, 다음은 '패션·뷰티(39.8%)', '케이팝(38.9%)' 순으로 나타났다. 이들 콘텐츠가 유럽의 문화 소비층에 유통되는 경로는 역시 유튜브와 같은 온라인 모바일 스트리밍 채널이다.

출처: 《글로벌 한류 트렌드 2018》, KOFICE

일 게임, 영화, 예능프로그램, TV 드라마 등도 호감도 65% 이상의 콘텐츠라고 한다.

이들 콘텐츠가 유럽의 문화 소비층에 유통되는 경로는 역시 온라인 또는 모바일을 통해서다. 한편 페이스북이나 트위터, 인스타그램 등의 SNS를 이용하기도 하는데, 특히 유튜브와 넷플릭스같은 온라인 모바일 스트리밍 채널이다. KOFICE는 이렇게 전 세계적으로 동영상 콘텐츠의 주요 유통 플랫폼이 변화한 현재의 시점에 맞춰각 콘텐츠별 주요 유통 경로를 잘 파악하여 글로벌 시장에서의 접근성을 높일 수 있는 정책 차원의 방안을 마련하고, 한류를 방송, 영화, 음악, 공연, 게임, 만화 등 6대 장르로 구분하고 이를 지속적으로 확산한다는 전략을 실행하고 있다.

한·중·일 동아시아
3개국의 문화적 차이

왜 이 같은 한류가 사실상 근대 이후의 문화를 만들고 주도해온 유럽에서도 인기를 끄는 것일까. 필자와 인연이 있는 독일《빌트Bilt》지의 영화 전문기자는 한류의 인기를 두고 "마치 올림픽 성화봉송 게임과 같다"라고 표현한 적이 있다. 한국과 중국, 일본이라는 동아시아 3개국의 문화에 대한 유럽인들의 인식을 돌이켜보면, 그의 말이 어느 정도 타당하다. 중국 도자기와 같은 중국의 문화유산은 오래전부터 유럽인들에게 매혹의 대상이자 '이방의 보물'이었다. 세계 3대 도자기로 불리는 독일의 마이센은 중국 도자기를 모방하면서부터 오늘날과 같은 명품이 되었다는 역사적 사실을 드는 것으로도 설명이 가능할 것이다.

중국에 이어 유럽인들의 눈길을 사로잡은 것은 일본과 일본 문화였다. 고흐와 모네가 일본의 민화인 우키요에의 광팬이었고, 수집가였다. 19세기 중후반 유럽의 일본 문화에 대한 열광, 곧 자포니즘Japonism은 유럽에 새로운 문화적 물결을 만들어 내었다. 그 이후 성화 봉송의 마지막 주자는 한국이다. 할리우드로 상징되는 미국의 대중문화가 가진 독점적 힘이 사라지거나 완화되는 상황에서 주변부 문화의 하나로서 한류가 새로운 문화적 트렌드로 부상하여 세계를 사로잡고 있는 형국이라 말할 수 있는 것이다.

유럽에서 만난 현지인들이 바라보는 현재의 동아시아 3국의 문화는 소구력에 있어서 현저한 차이를 보이고 있다. 중국은 경제력이라는 측면에서 미국에 이어 G2의 위상을 차지하고 있으나 이들의 문화는 많은 유럽인들에게 다소간은 '촌스러운 것'으로 비치는 경향이 강하다. 중국이 가진 위대한 문화적 유산에도 불구하고, 현재의 중국 문화는 '패권적'이거나 미학적으로 완성도가 높지 않다는 것이다.

일본의 경우는 미학적 우수성에도 불구하고 대중문화에 있어서는 '폐쇄적'으로 인식될 정도로 그들만의 감성과 미학에 집중되어 있다는 것이다. 말하자면 대중성이 약하고 마니아적 성격이 강하다는 것이다. 물론, 일본 문화는 유럽을 비롯하여 전 세계 어디에서든 하나의 '주류 문화'가 되어 있다. 가령, 일본의 스시는 더 이상 세계화를 위한 '홍보'가 필요 없을 정도로 서구인의 일상 속 하나가 되어 버렸다. 새로운 문화적 트렌드를 만들어내는 일본의 음식과 문화가 지금, 여기의 글로벌 트렌드를 주도하는 문화는 아니라고 할 수 있을 것이다.

구로사와 아키라, 오즈 야스지로, 오시마 나기사 등 60-70년대 전성기를 구가했던 일본 영화나 장예모, 첸카이거 등 90년대 초반을 풍미했던 중국 제5세대 감독들이 만든 것과 같은 중국 영화는 최근 들어 좀처럼 찾기 어려운 것이 사실이다. 그 자리에 홍상수, 김기덕, 박찬욱, 봉준호와 같은 한국 감독들의 영화가 서 있다.

한류의
중독성과 완성도

한류가 가진 가장 큰 장점은 문화소비자를 사로잡는 '강력한 감성'에 있다. 사소한 디테일까지 섬세하게 디자인된 영상, 강한 흡인력으로 저절로 춤을 추게 만드는 리듬, 포장지가 아주 예쁜 화장품 등 러시아의 한 기자는 이를 두고 "이런 감성이야말로 한류가 서구, 특히 공격성, 성적 매력, 야만성, '성인다움'을 강조하는 미국식 문화와는 근본적으로 다른 차별성"이라 지적한다. (러시아, 〈주간 프로필〉, 11월 23일자) 유럽의 한류팬들이 케이팝이 가진 가장 큰 매력으로 꼽는 것도 '중독성'이다. 한류에 대한 경험자와 미경험자들을 구분하여 조사한 KOFICE의 보고서 한 대목은 이러하다.

"음악 분야에서도 경험자들의 1위 인기 요인은 케이팝의 후렴구나 리듬 등의 중독성인 반면, 미경험자들은 한국어의 독특한 발음으로 된 가사라는 한국 문화적 요소로 나타나 차이가 발생했다. 한국 음식 역시 경험자들은 한식의 '맛'을, 미경험자들은 한국의 전통적인 식사 문화를 1위 요인으로 꼽았다. 그리고 도서에서도 유럽 경험자들은 흥미로운 소재 및 다양한 분야를 다뤄서라는 한국도서의 내용적인 면을 1위 인기 요인으로 여기고 있었으나, 미경험자들은 한국 생활과 문화에 대해

한류콘텐츠 유형별 인기 요인

TV드라마 📺
배우의 매력적인 외모 14.7%
스토리가 짜임새 있고 탄탄함 12.8%

온라안모바일 게임 🖥️
그래픽·그림 21.9%
게임 플레이 방식 및 게임 구성 21.1%

예능 프로그램 🏃
재밌는 게임 및 소재 사용 15.0%
한국 생활 및 문화에 대한 간접 경험 13.1%

패션·뷰티 👠
품질이 우수 17.0%
제품 종류 및 스타일이 다양 15.7%

영화 🎬
스토리가 짜임새 있고 탄탄함 14.8%
배우의 매력적인 외모 13.1%

음식 🍩
한식의 맛 23.6%
한국의 전통적인 식사 문화 16.7%

케이팝 🎤
가수·그룹·아이돌의 매력적인 외모와 스타일 14.8%
중독성 강한 후렴구와 리듬 14.7%

도서(출판물) 📚
한국 문화만의 독특함 17.4%
한국 생활 및 문화에 대한 간접 경험 16.0%

애니메이션·만화·캐릭터 ✏️
그림책, 색채, 그래픽 등의 영상미 19.5%
캐릭터 생김새·디자인 14.9%

<그림 7> 한류콘텐츠의 유형별 인기요인

'한류 콘텐츠 유형별 인기 요인'으로는 'TV드라마', '케이팝'에선 외모가 1위를 차지했고, '영화'에선 짜임새 있는 스토리가 1위에 올랐다. '패션·뷰티'와 '음식' 부분은 우수한 품질과 한식의 맛이 첫손에 꼽혔다.

출처 《글로벌 한류 트렌드 2018》, KOFICE

간접 경험할 수 있다는 점을 가장 중요한 인기 요인으로 선택했다."

《글로벌 한류 트렌드 2018》에서

한국의 콘텐츠는 감성적이면서도 완성도가 높은 '웰메이드well-made' 작품이라는 점도 유럽인들에게 높이 평가받는 대목이다. 앞서의 러시아 주간지는 "한류제품의 강점은 마무리가 잘 다듬어진 점, 소소한 것까지 주의를 기울인 것, 각각의 요소를 완전한 정도까지 끌어올려 완성도를 높인 것"으로 이를 통해 한류가 "우리가 당신에게 아름다움을 만들어 주겠어"라는 이데올로기를 전파하고 있다고 지적한다. 헝가리 한국영화제에서 독립영화 섹션을 기획했던 헝가리 국립대학인 엘떼ELTE대 영화학과 테레즈 빈체Teréz Vincze 교수는 필자에게 "연말 박스오피스에서 자국 영화를 10위권 내에 5편 이상 올려놓은 국가는 아마도 한국밖에 없을 것"이라고 말한 적이 있다. 한국의 영화콘텐츠가 그만큼 탄탄한 스토리와 완성도 높은 영상을 구현하고 있다는 것이다.

유럽의 한류가 우리에게 널리 알려진 계기는 2011년 5월 프랑스 루브르 박물관 앞에서 수백 명의 케이팝 팬들이 모여 집단 군무를 선보였을 때부터이다. 이제 이런 대규모 집단 댄스는 부다페스트의 영웅광장에서도 볼 수 있고, 스페인의 마드리드에서도 볼 수 있다. 루마니아의 다섯 번째 도시 크라이오바에 가면 서툰 한국어로 노래를 부르며 유명 걸그룹의 춤을 추는 십 대들을 쉽게 볼 수 있다. 런던, 파리, 브뤼

셀, 로마, 바르샤바 등 유럽의 웬만한 대도시에서도 모두 볼 수 있다. 한류 현상은 유럽에서 보편적이라는 것이다. 하지만 필자는 한류의 지속가능성과 효과라는 측면에서 유럽 중에서도 동유럽 지역을 더 강조하고 싶다.

한류콘텐츠가 한국적이면서도 외국의 문화를 능동적으로 흡수하고 융합했다는 점에서 가진 개방성openness과 혼종성hybridity, 강력한 감성을 유인하는 리듬과 스토리가 주는 역동성dynamism을 특징으로 하고 있다면, 이러한 장점이 가장 잘 발휘될 수 있는 지역이 유럽 중에서도 동유럽이기 때문이다. 이 지역은 서유럽이 가진 자국 문화의 우월성과 동양문화에 대한 편견이 상대적으로 덜하다.(서유럽에서의 한국 문화에 대한 열광이 동양에 대한 서구인의 편견을 의미하는 '오리엔탈리즘'적 요소가 있다는 것은 부인할 수 없는 사실일 것이다.) 또한 동유럽이 체제 전환을 거치면서 과거의 문화와 새로운 문화, 전통과 외래문화가 차별 없이 공존하고 있다는 점도 한류 확산과 지속에 긍정적이다. 문화는 높은 데서 낮은 곳으로 흐르기도 하지만, 때로는 지금의 한류가 그러했듯이 주변부에서 새롭고 창의적인 문화가 태동한다.

또 하나의 이유는 한류로 인해 개선된 한국의 이미지가 국내 업체들의 현지 진출과 결합하여 시너지 효과를 창출할 수 있다는 점이다. 동유럽은 최근 수년 동안 유럽 지역 평균 경제성장률을 웃도는 역동적인 경제를 보여주고 있다. 유럽 주요 국가의 연간 성장률이 1-2%임에 비

동유럽 주요국 실업률

동유럽 벤처 투자액

시간당 평균 임금

해 헝가리, 폴란드, 체코, 루마니아 등의 동유럽 국가들은 3-5%대의 성장률을 보이고 있다. 유럽 북쪽의 작은 나라 에스토니아는 스카이프와 같은 글로벌 강소기업이 있고, 헝가리에는 프레지, 폴란드에는 구글 유럽 캠퍼스가 있을 정도로 '스타트업 기업'의 요람이 되고 있다. 유럽 주요국의 제조업이 쇠퇴한 지 오래지만, 동유럽은 유럽을 넘어 전 세계의 제조업 생산기지로 탈바꿈했다.

동유럽 대도시에 가면 삼성, 엘지, SK와 같은 국내 굴지의 글로벌 기업 간판들이 시내 중심가 어디에서나 볼 수 있다. 유럽에 있는 한국 생산법인 173개사 중 90%가 동유럽 국가에 있다. 헝가리 역시 삼성전자, 한국타이어, SK 이노베이션, 삼성 SDI 등 대기업이 이미 진출했고, 이 대기업들과 연관된 한국 협력업체들이 50개 이상 존재한다. 슬로바키아에는 현대기아차가 이미 수많은 한국 협력업체들과 함께 진출해 있고, 폴란드에는 엘지, 포스코, 삼성 등을 포함해 무려 210여 개의 한국 기업들이 왕성하게 기업 활동을 하고 있다. 이들 국가에서 우리 기업들이 만들어내는 일자리와 그에 따른 경제적 기여는 매우 높고, 한국에 대한 이미지와 호감도 역시 마찬가지다.

코트라에 따르면, 〈표1〉에서와 같이 유럽은 주력, 유망, 틈새, 개척 등 4개의 시장 권역으로 나뉜다. 서유럽이 전통적인 의미의 유럽 주력시장이라면 동유럽은 '유망시장'이다. 그만큼 시장 잠재력이 크고 향후 발전 가능성이 높다는 얘기다. 최근의 동유럽 경제를 두고 경제성장이

권역 구분	특징 및 시사점
주력 시장	• 유럽의 전통 주력시장(서유럽+동유럽 주력시장 폴란드+남유럽 주력시장 이태리) • 유럽국가 중 시장규모도 크고, 한국의 중소·중견기업 수출규모 상위권 (해당국 시장규모와 한국의 수출규모간 격차 10p 미만) ▶ 우리기업의 주력 타깃시장
유망 시장	• '유럽의 공장'(슬로바키아, 체코 등 유럽의 생산거점인 동유럽권) • 유럽국가 중 시장규모 대비, 한국의 중소·중견기업 수출규모 상위권 (해당국 시장규모 대비 한국의 수출규모 10p 초과 상회) ▶ 우리기업 진입이 상대적으로 용이한 시장
틈새 시장	• 1인당 GDP가 높은 북유럽권과 스위스 등 진입장벽이 가장 높은 시장 • 유럽국가 중 시장규모 대비 한국의 중소·중견기업 수출규모 하위권 (해당국 시중규모 대비 한국의 수출규모 10p 미만 하회) ▶ 틈새전략이 필요한 시장
개척 시장	• 유럽의 신흥시장(세르비아, 불가리아, 루마니아, 그리스 등 발칸국가) • 해당국 시장규모 및 한국의 수출규모 모두 하위권 (해당국 시장규모와 한국의 수출규모간 격차 10p 미만) ▶ 신규 시장개척이 필요한 시장

<표 1> 유럽의 시장 유형

유럽의 시장 유형은 주력, 유망, 틈새, 개척 등 4개의 시장 권역으로 나뉜다. 서유럽이 전통적인 의미의 유럽 주력시장이라면 동유럽은 '유망시장'이다. 최근의 동유럽 경제를 두고 경제성장이 원활하게 이뤄지면서도 실업률이 낮고 물가도 안정되어 있다. 한국 기업들이 이 지역에 지속적으로 진출하는 이유도 이런 배경에서다.

출처:《2018년 권역별 진출전략 - 유럽》, 코트라

유럽의 4대 권역별 진출 유망시장 및 산업			
	주력시장	유망시장	틈새시장	개척시장
국가	독일, 영국, 프랑스, 네덜란드, 이탈리아, 벨기에, *폴란드, 오스트리아	슬로바키아, 체코, 헝가리, 크로아티아	스웨덴, 스위스, 핀란드, 덴마크, *스페인	그리스, 루마니아, 불가리아, 세르비아

<표 2> 유럽의 4대 권역별 진출 유망시장 및 산업
출처:《2018년 권역별 진출전략 - 유럽》, 코트라

원활하게 이뤄지면서도 실업률이 낮고 물가도 안정되어 있다는 점에서 '골디락스Goldilocks'라고 부르기도 할 정도다. 한국 기업들이 이 지역에 지속적으로 진출하는 이유도 이런 배경에서다. 해는 동쪽에서 떠오르고, 희망도 동쪽에서 솟아오른다.

우리의 청년기업가들이 동유럽에 멋진 우리의 콘텐츠를 가지고 계속 진출하기를 바라면서, 우리의 윤동주에 해당하는 헝가리 국민 시인 요제프 아틸라Attila Jozsef의 시를 한편 소개하고 싶다.

머나먼 헝가리

저 산 넘고 또 넘어 헝가리

찌르레기가 올 때면 오는 그녀

따뜻한 바람,

박명에 빛으로 오네

그녀의 노랫 소리 맑게 울리더니

모루를 두드리는 망치 소리 따르네

하느님, 혹시 헝가리를 보셨나요?

그녀의 말은 어렵고

내 마음은 무겁지만,

하느님 혹시 헝가리를 보셨나요?

아침 바람처럼 뛰노는

계집아이들

머리칼은 동쪽 하늘의 구름을 쫓고,

그녀는 여기

밀가루 반죽 두 가닥을 꼬고 있는데,

아, 백합꽃 향기보다 가녀린 그녀

밤의 꽃 그림자보다 빈약한 그녀

하느님, 혹시 헝가리를 보셨나요?

그곳은 지금 가을인데,

그녀를 심을 곳을 주님은 잊으셨나요?

메마른 당신의 외로운 꽃을요?

- 〈머나먼 헝가리〉, 요제프 아틸라(헝가리 시인, 1905-1937)

문화콘텐츠로서의 한류에서 '혁신'은
새로운 '상상력'에서 나온다.
우리가 살고 있는 세계에 대한
관성적 사고를 가로지르는 상상력 없이
새로운 문화상품은 나올 수 없기 때문이다.
혁신성장을 위해서는 새롭고 창의적인 상상력이
발휘될 수 있는 인프라를 조성하고,
젊은 인력들이 과감하게 해당 분야에 진출할 수 있는
유무형의 제도적 지원이 절실하다.

김재환
문화체육관광부 외신협력과장으로 재직 중인 저자 김재환은
문화체육관광부 온라인 소통과장으로도 일했으며, 헝가리 한
국문화원장으로 재직한 바 있다.

PART 3

새롭게 정의하고 창의적으로 도모하라

... 다양성은 증대되고 선택의 폭은 넓어진다

지역 지속성장 가능한 창업생태계와 도시재생 | 전정환

기술 4차 산업혁명 시대 혁신성장의 역할 | 전세희

혁신을 위해서는 보다 본질적 차원의 접근이 필요하다. 우리가 기존에 알고

있던 인프라와 주변 환경에 대한 새로운 정리가 필요할지 모른다. 단순한 증

가와 고도화된 혁신은 차후 부작용을 만들게 될 수 있다. 혁신의 배후에 있는

것이 바로 '생태계'이다. 또한 그 생태계를 지속시켜 주고 유지시켜주는 기술

적 차원의 심도 있는 접근이 필요하다. 본질적 차원의 이러한 재고는 '혁신'을

보다 단단한 것이 되도록 해 줄 것이다.

지역

지속성장 가능한
창업생태계와 도시재생

우리나라는 그동안 기술 중심의 혁신성장 전략을 펴왔다. 이것은 한 편으로 다른 축의 잠재력을 과소평가해 온 것이라고 할 수 있다. 시대가 바뀌었다. 현재 우리는 인구 급감을 앞두고, 중국의 빠른 추격자에게 입지를 위협당하고 있다. 기술 영역에서의 성장만으로 우리의 미래를 낙관할 수 없다. 다양성과 융합으로 무장하여 전환적 혁신을 만들어 가야 한다. 이제는 혁신적 전략이 필요한 때이다. 이것이 바로 창업 생태계와 도시재생을 위한 핵심 요소라고 말할 수 있다.

'구분'이 아니라
'축'이다

나는 서울에서 태어나고 자란 IT 개발자이다. 자원이 부족한 우리나라가 성장하려면 수도권에 선택과 집중해야 하고 기술혁신이 유일한 길이라는 주장을 비판 없이 수용했었던 것 같다. 그 생각을 지지했다기보다는 특별히 다른 생각을 할 이유나 계기가 없었던 것이다. 그런데 3년 전부터 제주의 지역혁신·창업생태계 조성자 역할을 하면서 관점에 변화가 생기기 시작했다. 지금 생각해보면 그 전의 나는 '서울과 기술'이라는 우물 안 개구리가 아니었던가.

과연 기술혁신만으로 우리나라가 지속성장할 수 있을까? 수도권 중심의 성장만으로 가능할까? 2000년대 넘어들어 중국이 빠른 추격자 fast-follower 전략을 우리보다 큰 시장을 기반으로 더 잘 구사하고 있고, 우리나라는 급격한 출산율 감소로 인구 절벽을 앞두고 있다. 대기업이 한계에 부딪히면서 하청 중심의 대중소기업 생태계와 지역민의 생계를 책임지던 생산거점도시는 허무하게 무너져가고 있다. 우리는 어쩌면 죽음에 적응해가고 있는 '뜨거운 물 속의 개구리'일 지도 모른다.

지금이 혁신의 방법을 혁신할 때다. 지난 50여 년간 한강의 기적의 고도성장을 이룬 성장 전략이 기술혁신과 빠른 추격자 전략이었다면,

앞으로 100년의 지속성장을 위해서는 새로운 전략 프레임을 가져가야 할 것이다. 전환기에 필요한 새로운 관점, 사고의 틀로 한 단계씩 들어가 보자.

현재 우리나라의 혁신창업을 비롯한 혁신성장 관련 정책은 기술 혁신 중심에 편중되어 있다. 최근 생활 혁신이 추가되었다고 한다.

기술 혁신	생활 혁신

생활 혁신성장은 라이프스타일 혁신성장으로 부를 수도 있다.

그런데, 기술과 생활이 반대말인가? 뭔가 이상하다.

다르게 생각해보자. 기술 혁신과 라이프스타일 혁신을 두 개의 축으로 놓아본다.

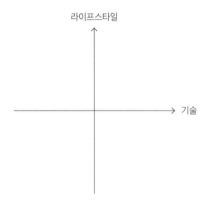

<그림 1> 혁신성장의 두 개의 축

이러면 4개의 면이 생기게 된다. 이것을 살펴보면 많은 것이 설명 된다. 이렇게 구분이 아닌 축의 관점으로 보게 되면, 융합의 영역이 보이게 된다. 라이프스타일 혁신과 기술 혁신이 결합된 것은 애플과 아이폰의 경우를 예로 들 수 있다. 라이프스타일 혁신이면서 비기술 혁신은 스타벅스, 홀푸드Whole Foods Market 를 들 수 있다. 기술 혁신이면서 라이프스타일 혁신이 아닌 것은 삼성반도체, LG디스플레이를 들 수 있다. 우리나라는 라이프스타일 혁신이 부족한가. 그러나 한류를 보면 가능성이 없진 않다. 진짜 부족한 건, 그동안 관점 때문에 보지 못한 다른 한 축이다.

생태계로서의
'지역' 발견

시점을 우상단으로 45도 옮겨서 보자. 그러면 숨어 있던 지역 혁신의 축이 보일 것이다.

우리나라는 50여 년간 '한강의 기적'을 통해 수도권에 인재와 산업을 집중시키는 방식으로 단기 고도성장했다. 지역 혁신이 없었던 것은 아니다. 그러나 지역을 선정하여 탑다운으로 기술 혁신, 생산 기지화

했던 것이고 지역 고유의 아이덴티티identity에 기반한 자생적 라이프스타일이 결합된 혁신은 부족했다. 서울 지상주의, 지역 생산기지 지상주의로 인하여 오히려 이전에 있었던 지역의 아이덴티티조차 주변화되어 침체되거나 사라져갔다.

이 세 개의 축은 각각 고유의 성장 동력을 가지고 있다. 어느 하나가 우위에 있는 것이 아니라는 점에 유의하자. 각각 혁신성장의 속성이 다를 뿐이다.

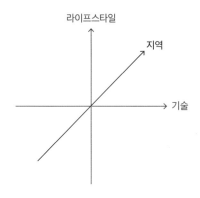

<그림 2> 혁신성장의 세 개의 축

혁신이 세가지 축 중 어디에 해당하는지 판별의 기준은 다음과 같이 볼 수 있다.

- 기술 혁신(x축) : 기술을 통해 효율성을 극대화하며 양적, 질적 경쟁력을 확보해 성장할 수 있는가?
- 라이프스타일 혁신(y축) : 사람들의 라이프스타일의 변화에 기반

하고 그것을 선도하며 성장하는가?

- 지역 혁신(z축) : 지역의 아이덴티티를 바탕으로 하고 그 아이덴티티 강화에 도움이 되는가? 이를 통해 타지역이 카피할 수 없는 차별화된 경쟁력을 가지는가?

세 개의 축의 성장 동력은 무엇인가? 기술 혁신은 상승력(스케일업)이 뛰어난 반면 생산수단과 결과물의 복제가 쉬워서 무한 속도로 끊임없이 경쟁자와 싸워야 한다. 라이프스타일 혁신은 사람들의 문화에 기반하므로 추종자가 나오면서 확산되는 전염성이 강하다. 지역 혁신은 도시의 아이덴티티에 기반하므로 끌어당기는 힘이 있어 타 지역에서 카피하기 어렵다.

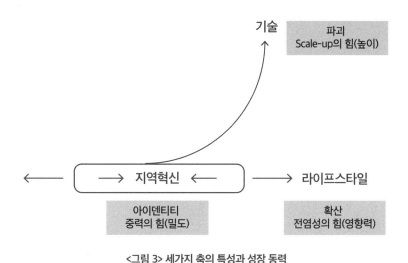

<그림 3> 세가지 축의 특성과 성장 동력

우리나라는 그동안 기술 중심의 혁신성장 전략을 펴 오면서 그 축의 중요성을 높게 평가하고 다른 축의 잠재력을 과소평가해왔다. 그러다 보니 각각의 축의 장점을 다 살리기도 어려웠고, 세 개의 축 간의 융합 또한 일어나기 어려웠다. 지난 50여 년간의 기술 혁신 중심의 성장전략을 펼친 게 틀렸던 건 아니다. 시대가 바뀌었을 뿐이다. 빠른 추격자 fast-follower 전략을 통해 선진국의 기술을 따라가고 대량생산 시스템을 구축할 때는 이 전략이 맞았다. 인구가 지속적으로 늘어나고 가구의 소비력이 꾸준히 증가할 때는 이 전략이 맞았다. 그러나 지금 현재 우리는 인구 급감을 앞두고 있고, 중국에 빠른 추격자의 입지를 빼앗긴 지 오래다. 반도체와 같은 일부 영역은 끊임없는 기술 우위를 추구하며 성장하는 전략을 펴야 하지만, 무한 복제가 가능하고 무한 속도의 경쟁이 속성인 기술 영역에서의 성장만으로 우리의 미래를 낙관할 수 없다.

다양성과 융합으로 무장하라

지금과 같은 전환기가 혁신을 혁신할 기회다. 이제는 지속성장을 위해서는 혁신의 세 가지 축을 골고루 상황에 맞게 활용하면서 혁신 전

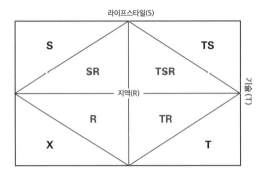

<그림 4> 세 가지 축이 만드는 혁신의 8가지 면

략을 펴야 한다. 이들 축을 결합하면 2x2x2=8개(O, X로 나누었을 경우) 또는 3x3x3=27개(상·중·하로 나누었을 경우)의 면이 나온다. 이 소고에서는 모델을 단순화하여 8개의 면으로 살펴보자. 라이프스타일을 S(LifeStyle), 기술을 T(Technology), 지역을 R(Region)로 보고 다음과 같이 8개의 면으로 나누어보았다.

　여기서 좌하단의 X면은 비기술 X 비라이프스타일 X 비지역의 영역으로 혁신성장의 불모지이다. 그 분면은 제외한 나머지 7개의 면은 각각 의미 있는 혁신성장의 전략지이다. 우리나라는 지역 바깥쪽의 세영역(T, S, TS)에 집중해왔다. 우리나라는 아래와 같은 우선순위를 가져가고 있었다고 가정할 수 있겠다.

T(기술) ⟩ S(라이프스타일) ⟩ TS(기술기반 라이프스타일)

해외 선진국의 경우는 지역 혁신과 결합한 다양한 스펙트럼을 보이며 지속성장을 이루어내고 있다. 지역기반의 유기농 식품 매장인 홀푸드의 경우 지역기반 라이프스타일 기업으로 창업해서 성장했다고 볼 수 있다. 근래에는 아마존에 인수되면서 지역기반은 약화되며 기술기반 라이프스타일 회사로 변화하고 있다. 나이키는 포틀랜드의 아이덴티티와 시너지가 나면서 성장하는 지역 라이프스타일 기반 글로벌기업으로 볼 수 있으며, 나이키 앱 등을 통해 기술 역량까지 강화하면서 지역과 기술을 기반으로 한 라이프스타일 기업(TSR)으로 이동하고 있다.

오클랜드에서 시작한 블루보틀Blue Bottle은 50여개의 커피매장을 가진 업체이지만 트위터 공동창업자인 에반 윌리엄스Evan Williams, 워드프레스 공동창업자인 멧 멀렌워그Matt Mullenweg 등의 IT분야의 개인투자자와 구글벤처스로부터 2,000만 달러를 투자받으며 7천억 원 가치를 가진 기업으로 성장한 스타트업이다. 블루보틀을 비기술기반 스타트업의 대표사례로 보기도 하나, 필자는 지역과 라이프스타일, 기술의 혁신이 함께 어우러진 신종 사례로 봐야 한다고 생각한다.

블루보틀은 구독Subscription 서비스를 통해 2주 안에 갓 볶은 품질 좋은 커피를 전세계 커피애호가에게 공급하고 있다. 또한, 《Coffee Brewing Guides》를 발간하고 커피 관련 교육 영상을 '스킬셰어Skillshare'에 업로드하며 각종 커피 이벤트들을 꾸준히 개최하는데 이는 IT서비스 업체들의 역량을 지역과, 라이프스타일 산업이 결합한 것이다. 이를 통해 지역의 아이덴티티와, 라이프스타일의 확산성, 그리고 기술 기술과 IT가 가진 효율성과 스케일업을 모두 구사한 기업이 되었다.

홀푸드는 훌륭한 지역기반 라이프스타일 매장이었지만 홀푸드 스스로가 IT의 역량을 갖추었다면 아마존에 인수되지 않을 수 있었을 것이라는 생각이 든다. 아마존의 인수로 인하여 세가지 영역이 융합된 기업이 될 수도 있고 기존의 본질이 약화될 수도 있기 때문이다.

혁신성장을 위해
필요한 변화

지금까지 간략히 혁신성장을 위한 세가지 축과 그 결합 모델에 대하여 살펴보았다. 이 모델은 다음과 같은 곳에 활용될 수 있을 것이다.

- 스타트업 : 지속성장 가능한 혁신 전략 수립. 이게 맞게 조직 역량 강화, 경영 혁신 등.
- 엑셀러레이터 : 가능성 있는 스타트업들을 발굴하여 그들을 새로운 축으로 전략 유도하여 엑셀러레이션 등.
- 정책가 : 정책가가 현재의 혁신성장 정책을 매핑해보고 한계 지점

을 발견하고 개선의 가능성을 찾기 등.

- 연구자 : 연구 영역간의 칸막이를 넘어서서 다학제적 연구를 하고, 지역 현장에 기반한 연구 등.

이미 지역의 중요성은 여러 곳에서 감지되고 있다. 혁신센터가 전국 19곳에 만들어져 지역 혁신·창업 생태계 조성자 역할을 하게 되었고, 정권교체가 일어났음에도 혁신센터는 지역발전의 거점으로서 다양성, 개방성, 자율성의 지역혁신허브로 그 기능은 오히려 강화되고 있다. 또한, 소셜벤처, 도시재생 스타트업 등 다양한 지역혁신 스타트업들이 생겨나고 청년 인재들이 지역에 주목하고 여러 성과가 나타나기 시작하고 있다.

이러한 변화의 힘을 결집하고 다양한 혁신성장의 축 사이의 융합을 활성화하기 위해, 그동안 취약했던 지역 혁신의 역량을 높이기 위한 혁신가들의 네트워크와 실천적 학습의 장이 필요하다. 50여 년 이상 지속된 '한강의 기적'은 지역의 개성을 일부러 전면 부정한 전략이었기 때문에, 지역 혁신의 필수 요소인 경제, 지식, 정책, 언론의 지역 혁신 플랫폼들이 붕괴된 상태다. 지역은 현장에 기반한 정책, 지식, 담론, 산업을 만들어낼 수 없는 불모지에 가깝게 되었다. 여기에 서둘러 열매가 열리길 바라며 자금만 많이 부으면 잡초만 자라고 자생적 혁신 기반의 씨앗이 죽는다.

인재들의 지역 유입, 교류를 통한 지역 현장 기반 혁신 네트워크 구축이 최우선 과제가 되어야 하는 이유다. 제주혁신센터는 지역 혁신·창업생태계 문제를 해결하기 위해 다양한 활동을 하고 있다. 지역 혁신 싱크탱크와 콜로키움을 운영하고 있으며, '리노베이션 스쿨 인 제주'를 통해 창업 생태계와 도시재생의 시너지를 창출하고 있다. 또한, 경계를 넘는 연결과 융합의 지식 창출의 장인 'J-Connect Day'를 매년 11월 제주에서 개최하고 있다. 이를 통해 다양성, 개방성, 자율성이 있는 건강한 지역 혁신 네트워크 구축을 하여 지역 혁신의 축과 라이프스타일의 축, 기술의 축이 융합되어 다양한 혁신이 일어날 수 있도록 하고자 한다.

<그림 5> '제2회 리노베이션 스쿨
인 제주' 포스터

<그림 6> 'J-Connect Day 2018'
행사 포스터

혁신성장의 마중물   도시 자체가 혁신의 출발지이자 중심이 되
'도시재생 뉴딜'   고 있다. 과거 대기업이나 대형 산업단지
          가 혁신의 공간이었던 것과는 전혀 다른
모습이다. 다양한 산업과 문화가 혼재돼 있고 도전적 기업가정신으로
무장한 창의적 인재들이 넘쳐나는 공간, 활발한 지적 교류뿐만 아니라
일과 여가 생활의 균형을 보장받을 수 있는 도시가 발전의 핵심으로
자리 잡고 있다.

　도시 공간이 혁신의 엔진으로 거듭나려면 필요한 것이 더 있다. 혁
신 주체인 창의적 인재가 모여들도록 도시를 쾌적하고 편리하며 매력
적으로 만드는 것이다. 과거 영국의 페컴^{Peckham}은 런던시 가운데 가장
낙후된 지역으로 쇠퇴의 길을 걸었었다. 하지만 다양한 생활 사회간접
자본(SOC)이 공급되면서 도시의 모습이 확 바뀌었다. 도서관, 건강센
터 등에 매년 5만여 명이 방문하며 지역경제를 되살렸고 범죄를 줄이
는 촉매 역할을 했다. 이렇듯이 도서관 운영에 지역 주민들이 적극적
으로 참여함으로써 지역과 상생하는 성공적인 도시재생 모델이 됐다.

<그림 7> 구겐하임 미술관
출처: 게티이미지코리아

　스페인 빌바오의 구겐하임 미술관을 통한 도시재생사업은 세계적
으로 손꼽히는 도시재생 사례이다. 19세기 조선업과 제철업으로 전성
기를 구가했던 스페인의 대표적인 공업 도시 빌바오는 1980년대 이후
불황, 바스크 분리주의자들의 테러, 대규모 홍수 피해 등으로 도시가
쇠락의 길을 걷게 되었고, 그로 인해 당시 실업률이 35%에 육박했었다.
이처럼 상황이 급격하게 변화하면서 정부는 특단의 대책을 마련했는
데 그중 하나가 구겐하임 미술관 분관 유치였다. 기존의 도시를 이끌
던 산업을 다시 부흥시키는 대신 '문화산업'이라는 새로운 가치를 통
해 도시의 발전과 경제부흥을 계획한 것이다. 물론 평생 공장에서 일
했던 대부분의 시민들은 이런 결정에 반대했다(당시 시민의 95%가 이정
책을 반대했다). 그러나 정부는 포기하지 않고 지속적인 대화와 재원 마

련을 통해 구겐하임 미술관 유치 및 도시재생사업을 진행했고, 결국 지금은 매년 100만 명의 관광객이 찾아오는 세계적인 관광도시가 되었다. 경제효과도 커서 미술관 개관 5년 만에 모든 투자금을 회수함은 물론, 2004년 기준 연간 약 210억 원의 경제적 효과를 내는 등 큰 성공을 거두었다. 빌바오의 도시재생사업은 단순히 낙후된 곳을 재개발하는 도시재생사업이 아닌 도시의 전략 측면에서 폭넓게 접근해 성공한 사례이며, 문화 주도형 도시재생 프로그램의 표본이라 할 수 있다.

스웨덴 스톡홀롬의 하마비 허스타드 Hammarby Sjostad는 친환경을 활용한 도시재생 사업 사례로 유명하다. 이곳은 오염된 공장 지역을 태양광, 지열, 풍력 등 재생에너지를 적극적으로 활용하는 친환경 도시로 만들겠다는 목표를 가지고 있었다. 해변가에 위치한 지리적 특성을 이용해 단지를 배치하고, 에너지의 30%를 신재생에너지(쓰레기, 태양열, 하수)로 충당하여 사용 가능한 에너지 절약형 건축물을 도입하였다. 이러한 도시재생사업과 더불어 가구당 차량 보유 대수를 1.5대로 제한하고 이동수단의 52%를 경전철과 수상 버스 등으로 대체하여 탄소 배출을 줄이는 등 사회제도 및 인프라 수정에도 노력을 기울였다. 이에 더해 다양한 교통 편의시설 설치를 통한 보행 및 자전거 이동 활성화, 중저층 공동주택단지 조성, 카풀 시스템 구축 등 사회 전반적인 노력을 펼쳐 나갔다. 그리고 그 결과, 2010년 제1회 유럽 환경수도로 선정되었고, 자원 순환형 생태학적 도시로 자리매김하고 있다.

<그림 8> 하마비 허스타드
출처: http://www.hammarbysjostad.se/

미국 뉴욕의 하이라인$^{High\ Line}$ 파크 도시재생사업은 '서울로 7017'
의 벤치마킹 사례로도 유명하다. 그리고 이 사업은 시민들의 참여가
계기가 되었다는 점에서 좀 특별하다. 당시 뉴욕을 가로지르던 뉴욕
하이라인은 다른 교통수단의 발달로 인해 1980년 열차 운행을 중단
하게 되었다. 그 이후 20년간 방치된 철로는 도심의 흉물로 전락해 버
렸고, 이에 뉴욕시는 기존 철로 철거를 검토하게 되었다. 이때 조슈아
데이비드$^{Joshua\ David}$와 로버트 해먼드$^{Robert\ Hammond}$는 고가를 철거하
지 않고 잘 가꿔 보존하는 것을 주장하며, '우리와 다른 시대의 산업
유물 위에 올라서 거닐어보는 근사한 일'을 제안했다. 이후 이들은 하
이라인 보존을 위한 커뮤니티 '하이라인 친구들$^{Friends\ of\ the\ High\ Line}$'

<그림 9> 평화로운 하이라인 파크의 순간들
출처: www.thehighline.org

을 공동창립하고, 다양한 활동을 해나갔다. 이에 많은 지역사회 모임과 지역민들이 자발적으로 힘을 모아 하이라인에 꽃과 나무를 심었고, 사진작가 조엘 스턴펠트Joel Sternfeld는 〈하이라인을 걸으며Walking The High line〉라는 사진전을 개최하기도 했다. 또한 에드워드 노턴Edward Norton, 마샤 스튜어트Martha Stewart 같은 유명인사들도 참여하며 비로소 하이라인은 도시의 흉물에서 시민에게 여유와 안락함을 주는 공간으로 새롭게 태어났다.

시대가 바뀌면서 기존의 시스템의 관성에 따라 일한다면
본질적인 성과가 만들어지지 않는다고 생각한다.
따라서, 본질을 놓치지 않고 하려다 보면 혁신을 할 수밖에 없다.
그리고 그 혁신은 항상 기존의 중심이 아닌
주변부와의 경계에서 나오게 되어 있다.
기존의 산업화 시대의 중앙정부의 탑다운Top-Down을 강화하고
예산편성 중심의 지원 사업의 구조를 바꾸어야 하며,
사회적 자본의 형성을 통한 혁신 생태계가 조성되어야
혁신성장할 수 있다.
이를 위해서는 공공의 역할이
협력적 문제 해결 중심으로 변화해야 한다.

전정환
저자 전정환은 현재 제주창조경제혁신센터 센터장으로 재직
중이다. 그는 다음커뮤니케이션에서 Front-End 기술 본부장
과 경영지원 유닛장으로, 다음카카오에서는 사내정보시스템
파트장으로 근무한 바 있다.

기술

4차 산업혁명 시대 혁신성장의 역할

세계적으로 볼 때, 어떤 곳은 아직 산업화에 머물러 있고, 다른 곳은 정보화 저 너머에서 빅데이터와 인공지능으로 끊임없이 진화하고 있다. 심지어 한 국가 내에서도 그 격차는 나타난다. 저성장은 일자리 문제로 나타나고 이는 삶의 질에 대한 저하로 이어진다. 경제와 사회는 어느새 가장 밀접한 관계가 되어 경제적 불평등으로 인해 국민의 삶은 불행해지고 구조적·복합적 위기 상황에 직면하게 된다. 4차 산업혁명의 혁신성장을 위해 보다 근원적 접근이 필요하다.

4차 산업혁명의 도래

4차 산업혁명이라는 말은 지금 어디서나 볼 수 있는 흔한 말이 되어버렸다. 하지만 증기기관으로 촉발되는 산업혁명, 산업화가 되는 2차 산업혁명, 정보화로 대표되는 3차 산업혁명과 달리 4차 산업혁명이 무엇을 이야기하는지 명확히 이야기하는 사람은 드물다. 더구나 명확한 기술의 변화로 혁신이 일어났던 종전의 산업혁명과 달리 4차 산업혁명에서 논의하는 기술들은 정보화 시대와 명백한 차이가 나타나는 것은 아니다. 거기에 문재인 정부는 '4차산업혁명위원회' 출범을 공약사항으로 걸고, 총리급 민간 위원장과 각계각층의 전문가로 구성된 위원회를 실제로 운영하고 있다. 그렇다면 4차 산업혁명은 무엇일까? 과연 실체가 있을까, 그리고 무엇보다 그 정책방향은 무엇일까?

　사실 오늘날 정책은 더 이상 경제나 사회를 견인하는 동력은 아니다. 다만 정부는 글로벌 사회 속에 뒤처지지 않고, 국가가 이끌어줄 부분은 견지하면서 사회 발전을 저해하는 시대에 맞지 않는 규제를 치워가며 제 역할을 하기 위해 노력하고 있다. 4차산업혁명위원회는 〈혁신성장을 위한 사람 중심의 4차 산업혁명 대응계획〉을 발표하면서, '이 계획은 1.0 버전이며, 충분한 논의를 통해 지속적으로 계획을 발전시켜 나갈 것'이라고 언급했다. 그렇다면 이 4차 산업혁명을 우리는 어떻게 바라보고 있으며, 정책적으로는 어떤 사항들을 어떻게 추진해야 할까?

모든 성장 동력은 한계를 체감하며 결국 저성장 또는 후퇴라는 지표가 나타날 때까지 체제를 유지한다. 그동안 우리 사회를 이끌어왔던 산업화와 정보화의 물결도 현재 뉴노멀이라는 저성장 시대로 그 한계를 드러내고 있다. 또한 세계적으로 봤을 때 아직 어느 사회는 산업화에 머물러 있고, 다른 사회는 정보화의 저 너머에서 빅데이터와 인공지능으로 촉발되는 4차 사업혁명으로 끊임없이 진화하고 있기도 하다. 심지어 한 사회 내에서도 그 격차는 나타나고 있다. 저성장은 일자리 문제로 나타나고 이는 삶의 질에 대한 저하로 이어진다. 경제와 사회는 어느새 가장 밀접한 관계가 되어 경제적 불평등으로 인해 국민의 삶은 불행해지고 구조적·복합적 위기 상황에 직면하게 된다.

우리나라는 그간 대기업 중심의 성장으로 낙수효과가 이어지기를 바라며 성장률 자체에 집중했고, 그 결과 이제는 제법 선진국의 반열에 들어왔다고 볼 수 있다. 다만, 낙수효과는 생각보다 충분하지 않았고, "배고픈 건 참아도 배 아픈 건 못 참는다"는 우스갯소리가 돌 만큼 불평등은 더욱 심화되었다. 성장 방식에 대한 고민을 하며 "사람 중심 경제"로의 전환이 시급해졌다는 목소리가 높아졌다. 이에 맞춰서 다보스 포럼에서 거론된 4차 산업혁명은 새삼스레 이름을 붙였다 뿐이지 그 이전부터 우리 사회에 깊게 파고들고 있었다. 변화의 흐름 속에서는 현재 변화가 일어나고 있는지 확인하기가 쉽지 않다. 하지만 급격한 속도로 체감하지 못하더라도 우리는 지금 이 변화 안에 있는 것이다.

1차 산업혁명은 100여 년 동안 지속됐고, 2차 산업혁명은 70여 년이 걸렸다. 그리고 정보화 혁명은 미리 미래학자들에 의해 예고도 되었으며, 40여 년 정도로 지속기간을 보고 있다. 다만 지금도 IT 인프라의 차이로 지구의 어디에선 가는 산업화와 정보화가 다른 속도로 진행되기도 한다.

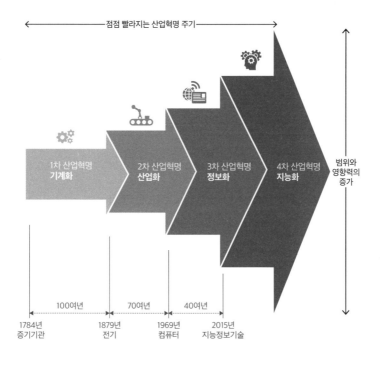

<그림 1> 산업혁명 주기

한계상황에 부딪힌 현 경제·사회의 구조에서 지능화, 자동화, 초연결로 촉발되는 4차 산업혁명은 시스템을 최적화 시켜 전 산업의 생산성을 제고하고, 고질적인 사회문제를 해결하여 새로운 성장 동력으로 연결한다. 예컨대 스마트공장은 제조 생산성을 75%나 증가시킬 수 있다. 또한 교통신호제어에 인공지능을 도입하면 대기시간을 40%나 감소시킬 수 있다고 한다.

4차 산업혁명
대응역량 진단

4차 산업혁명의 물결 속에 우리나라는 얼마나 준비가 되었는지 진단해 볼 필요가 있다. 우리나라는 소위 '빠름'의 성향으로 인터넷 등 IT 인프라 강국이 되었고, 2000년대 초 벤처 붐 역시 정보화의 혁명 속에서 나타난 바 있다. 기술적 측면에서는 ICT 발전 지수가 2016~17년 세계 1~2위를 유지했고, GDP 대비 R&D 투자 비중도 세계 1위이다. 딜로이트에 의하면 제조업 경쟁력도 40개국 중 5위로 높은 수준으로 유지하고 있는 편이다. 특히 학업성취도 지수는 OECD 국가 중 2위를 차지하는 등 사회적 인프라도 우수한 편이다.

하지만, 4차 산업혁명으로 이행하기 위해 가장 필요한 지능화 분야에 대해서는 아직 미흡한 수준이다. 지능화 기술력은 세계 최고 대비 70% 수준에 그치고 있으며(IITP, 2016), 빅데이터 활용률도 6.5% 정도에 불과하다.(NIA, 2016) 특히 혁신의 원동력이며 향후 발전의 지표가 되는 지능화 핵심인재는 2022년까지 연평균 3,290명이 부족하다는 연구 결과가 있는데, 이 역시 급변하는 사회 속에서 핵심인재 부족은 더욱 가중될 가능성이 있다.

4차 산업혁명은 정보화 사회에서 만족하고 있다가 현재 정체기를 맞이한 한국 사회 발전의 변곡점이다. 높은 정보화 이행은 우리의 강점이다. 우리의 강점을 살려 대한민국의 4차 산업혁명이 실현되면 재도약을 맞이하여 저성장과 사회문제 해소의 지름길로 다가가는 것이고, 지금의 기회를 놓치게 되면 과거 시스템에 고착되어 혁신이 지체되게 되어버린다.

선진국-개발 도상국의 시스템으로 자연스럽게 순위가 정해지던 글로벌 경쟁 속에서 산업화, 정보화가 먼저 이행된 국가가 유리하기는 하지만, 한편으로는 격차를 줄이고 추월을 할 수도 있는 기회와 위기가 함께 온 것이다.

초기 4차 산업혁명의 개념이 대두된 독일에서는 전통적인 제조업 강국답게 인더스트리 4.0(2011)을 통해 스마트공장을 선도하고, 플랫폼 인더스트리 4.0(2015)으로 디지털 경제 변화에 대응하였다. 이보다

한발 앞서 미국에서는 AI 분야에 대해 R&D 전략계획을 수립하여 경쟁력을 확보하였고, 인공지능에 대해서 2016년 이후 중국과 일본에서도 앞다투어 뛰어들었다.

4차 산업혁명을
바라보는 정부의 비전

4차산업혁명위원회의 출범과 함께 대한민국도 비전을 가지고 대응계획을 수립하였다. 4차 산업혁명에 대한 우리나라의 비전은 과학·기술, 산업·경제, 사회·제도를 아우르는 '국가적 대응'을 추진하겠다는 것이다.

　궁극적인 비전은 모두가 참여하고 모두가 누리는 '혁신성장을 위한 사람중심의 4차 산업혁명'이 목표이다. 저출산 고령화 추세 속에 생산성을 높이기 위해 공장은 무인화되고, 미세먼지 등 생활에 밀접한 문제를 해결하는 데에 기술이 적용되며, 고속도로에는 꼭 필요한 긴급상황에만 사람이 운전하는 '준자율주행차'가 달릴 수 있게 된다. 4차 산업혁명의 핵심동인인 지능화 기술역량을 강화하는 동시에 성장동력과 연계하여 맞춤형 집중지원을 한다. 각 분야별로 지능화된 혁신 프로젝트를 추진 확대해 나갈 것이다.

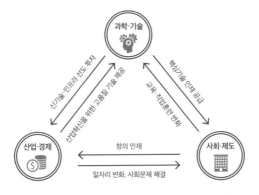

<그림 2> 우리나라 4차 산업혁명의 비전 개념도

4차 산업혁명 실현을 위해 우리나라의 비전은 과학·기술, 산업·경제, 사회·제도를 아우르는 국가적 대응을 추진하겠다는 것이다. 정부는 민간의 혁신역량이 극대화될 수 있도록 시장환경을 개선하는 조력자 역할과 공공분야 선제도입으로 민간의 마중물 역할을 수행하고 사람중심의 혁신성장을 지원해야 한다.

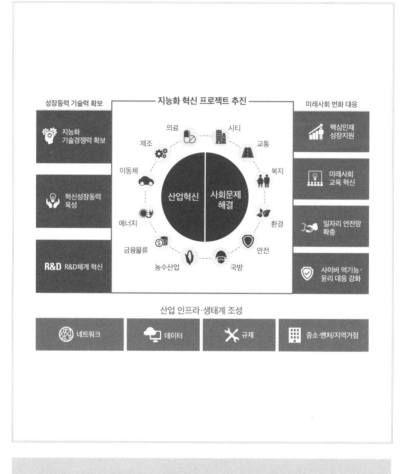

지능화 혁신 프로젝트 추진

성장동력 기술력 확보

지능화 기술경쟁력 확보

혁신성장동력 육성

R&D R&D체계 혁신

의료　시티
제조　　교통
이동체　　복지
　산업혁신　사회문제 해결
에너지　　환경
금융물류　　안전
농수산업　국방

미래사회 변화 대응

핵심인재 성장지원

미래사회 교육 혁신

일자리 안전망 확충

사이버 역기능·윤리 대응 강화

산업 인프라·생태계 조성

네트워크　　데이터　　규제　　중소·벤처/지역거점

<그림 3> 사람 중심의 4차 산업혁명 구현

지능화 혁신으로 다양한 신산업 창출, 튼튼한 주력산업을 육성하고, 고질적 사회문제를 해결하여 국민의 삶의 질을 제고한다. 그리고 양질의 새로운 일자리를 창출하고 일자리 변화 대응 사회안정망을 강화한다. 누구나 이용할 수 있는 세계 최고 수준의 지능화 기술 기술 데이터 네트워크 확보에 집중한다.

정부의
중점 추진과제

그렇다면 정부는 구체적으로 어떤 분야, 어떤 부처에서 어떤 방식으로 혁신을 준비하고 있을까. 대응 계획 속에 담겨있는 분야별 혁신 과제를 살펴 보도록 하자.

의료
: 스마트 의료 창출로 국민건강 증진 및 바이오경제 시대 선도

우리나라는 일찍 도입된 건강보험 서비스로 인해 의료 데이터가 전 세계 어느 국가보다 체계적으로 누적되어 있고, 단일 민족적 특성으로 인종 특성 등의 변수가 크지 않은 곳이다. 의료 기술도 월등해 의료관광 등도 활성화되어 있다.

이에 따라 보건 의료 빅데이터 부분을 체계적으로 확충할 필요가 있다. 먼저 진료정보 전자교류 전국확대를 2017년에는 시범사업으로 도입하고, 2022년부터는 건강보험 수가에 반영하여 상용화하는 방안을 추진 중이다. 또한 진료 정보, 유전체 정보 등 빅데이터를 활용하고, 인공지능에 기반한 정밀진단·치료를 구현하는 방안도 2020년부터는 도입할 계획이다. 이를 통해 2015년 73세인 건강수명을 2022년에는 76

세까지 3세 연장하는 것이 정책목표이다.

또한 신약 부문에서는 AI에 기반한 신약개발 혁신을 통해 개발 기간 (10년)과 비용(1조 원)을 절감하고, 혁신 신약 후보물질도 추가로 발굴해 2015년 85개 수준에서 2022년에는 129개로 끌어올릴 계획을 하고 있다. AI+바이오+로봇 융합형태의 차세대 의료기기 개발을 지속적으로 추진하여 보건산업 수출액을 2022년까지 30% 이상 향상시킬 목표도 가지고 있다.

제조
: 디지털 제조업으로 탈바꿈, 제조업의 리쇼어링 경쟁

앞서 언급한 독일의 사례에서 보듯이 전통적으로 경제는 제조업에서 일자리를 만들고 성장 동력을 창출하였는데, 4차 산업혁명 시대에서도 제조업이 소외되는 것은 아니다. 특히 스마트공장은 기존 산업이 ICT와 결합하여 시너지를 얻는 대표적인 분야이다. 스마트공장은 그 지능화 수준에 따라 여러 단계로 분류하는데 현재 우리나라의 스마트공장 수준은 기초단계에 머물러 있다. 이를 2022년까지 최적화 단계 스마트공장으로 고도화하고 중소기업 3만 개에 스마트공장 모델을 보급하는 것이 정책목표이다.

스마트공장의 원활한 운영을 위해 제조 분야의 다른 분야에서는 지능형 제조로봇을 상용화하려는 노력이 지속되고 있으며, 근로자의 위험 및 육체노동을 현저히 감소시켜 줄 협동로봇은 노동법상 근거까지 만들어 상용화 초읽기에 들어갔다. 이를 통해 제조 생산성이 제고되고, 장애인이나 여성 같은 사회적 약자의 일자리 참여 기회 확대가 기대된다. 또한 최근 전 세계적으로 일자리 문제로 제조업의 리쇼어링 Reshoring 경쟁이 일어나고 있는데, 생산성 확대로 비용절감이 될 경우 인건비를 따라 해외로 나갔던 제조공장들이 다시 국내로 들어오는 리쇼어링이 촉발될 가능성도 높아지고 있다.

이동체
: 차세대 스마트 이동체 시장 선정

무인 이동체에 대한 관심과 기술발전도 4차 산업혁명의 도래를 가장 먼저 체감할 수 있다는 점에서 주목받고 있다. 2017년 12월에 마련한 〈기술혁신과 성장 10개년 로드맵〉에서는 6대 공통원천기술과 5대 분야 차세대 시장을 선도할 시개념 플랫폼 개발을 담았다.

자율차는 2022년에 완전 자율주행차를 구현하겠다는 목표 아래 4차산업혁명위원회에서도 전문가와 관계 부처로 구성된 T/F를 운영하였으며, 드론 시장도 활성화될 수 있도록 발전 방안을 만들고, 관련 규제 정비에 적극 나섰다. 자율운항선박은 기술을 개발하고, 2022년에는 법 제도 개선을 통해 상용화하겠다는 목표로 국민이 체감할 수 있는 4차 산업혁명을 구현하고 정책을 개선해 나가고 있다.

에너지

: 에너지·금융·물류 혁신 촉진

스마트 그리드 등 지능형 전력 계량시스템을 일반주택에 100% 보급하여 전력을 효율화하겠다는 것이 관계 부처의 핵심 목표이다. 또한 금융 분야에서도 블록체인 등 첨단 기술을 고도화하고, 금융규제 테스트베드Test Bed를 운영하여 핀테크를 도입하겠다는 것이 목표이다. 실제로 '금융혁신지원 특별법'이 현재 제정되어 시행을 앞두고 있으며, 핀테크 업체들의 기대 속에 시행을 기다리고 있다. 4차산업혁명위원회에서도 핀테크 산업의 중요성에 주목하여 제1차 해커톤에서 개인의 금융정보자기결정권에 대해 논의한 바 있다. 산업에서 비용구조의 핵심을 차지하는 것이 바로 물류이다. 스마트 물류센터 및 항만을 만드는 것도 4차 산업혁명 촉발을 위한 계획 중 하나이다.

농수산업

: 농어가 고령화에 대응. AI기반 친환경 정밀 농수산업 실현

1차 산업에서 6차 산업으로 그 중요성이 중요해진 농수산업에 대한 생산, 유통, 재해 대응에 대한 노력도 확대된다. 스마트팜과 함께 파종수확 농업로봇 등도 개발되고, 농수산물 가격 급락 등을 가져온 수요 예측도 빅데이터 기반으로 할 수 있게 하고 유통비용을 감소 시킬 수 있다. 지역별·품목별 재해 예측지도도 2020년까지 구축하고, 축산 분야에서도 구제역 등 전염병 확산 예측 및 대응 모델을 개발하여 자연재해 등으로 오는 피해를 대비할 수 있도록 대비할 계획이다.

시티

: 스마트 시티 확산으로 도시문제 해결 및 신성장동력 육성

메가시티 중심으로 성장하는 현대에 있어서 스마트 시티는 4차 산업혁명의 미니어처, 또는 시험판으로서 그 역할이 더욱 강조된다. 또 4차 산업혁명의 '체감' 측면에서는 스마트 시티만 한 것이 없을 것이다. 정보화 시대에 유비쿼터스라는 개념으로 IoT가 시도되었으나, 빅데이터와 AI가 결합되어 그 수준을 업그레이드 한 지능형 스마트홈 등을 통해 도시 생활 속에서 유발되는 문제 해결이나 삶의 질을 개선할 수 있는 기술을 접목한다. 현재 사회문제가 되고 있는 도심 공동화 등을 '스마트 도시재생 뉴딜'로 개선하고자 한다.

우리나라는 4차산업혁명위원회 스마트 시티 특위를 통해 선정된 세종시, 부산시 두 개 지방자치단체에 의해 2021년 입주를 목표로 현재 스마트 시티 국가 시범도시를 조성한다. 아직은 기획단계에 있으나 민간위원들의 고민 속에 조금씩 진척이 있다. 이곳에는 고령화, 일자리 감소 등의 도시문제에 대응하기 위해 로봇, 물관리 관련 신사업을 육성한다. 비록 시티라고 말하기 어려운 협소한 구역에 대한 실험이지만, 이 실험이 성공해서 우리나라에 스마트 시티가 안착하길 바란다.

교통

: 빠르고 안전한 지능형 교통체계로 전면 전환

일반 시민이 가장 체감할 수 있는 분야이기도 하다. 새로 설계되는 스마트 시티가 교통시스템을 새로 설계하여 만들어진다면, 기존의 교통 인프라 및 시스템을 어떻게하면 더 효율적으로 만드느냐가 교통분야의 과제이다.

전국의 주요 도로를 전면 스마트화해서 자율주행 자동차가 도입될 경우 교통체계에 대한 대비를 하는 한편, 실시간 대응 최적 신호제어 시스템을 개발하여, 전 도로에 설치를 의무화 할 계획이다. 또한 지능형 도로 표지판도 개발하여 사고가 많이 나는 지역 등 설치를 의무화하고, 운전자 피로도를 감지하여 경고하고 교통사고 위험을 예측·예보하는 서비스도 2019년에는 고도화할 계획이다.

복지

: 사회적 약자의 일상생활 불편 해소 및 스마트 생활복지 산업 육성

TV 광고에서 혼자 사는 노인의 거동을 IoT 서비스로 확인하는 장면을 한 번쯤 봤을 것이다. 급속한 고령화사회로의 이행으로 복지분야에 대한 수요도 급속도로 증가했다. 노인이나 장애인을 위해 간병·간호 로봇이나 신체활동을 지원해주는 의료용 웨어러블 슈트 개발이 2018년부터 착수되었으며, 향후에는 이에 공적보험을 적용하는 방안도 검토

할 예정이다. 치매 노인을 위해서는 낙상·실종방지 안전기술을 개발하고, 조기진단 예측을 정확하게 하는 기술도 발전할 가능성이 높다. 취약세층 복시를 위해서는 빅데이터 기반으로 사회취약계층을 발굴하고 찾아주는 복지 서비스를 구축할 계획이다. 이를 통해 간병 부담 완화 및 노동력 손실 방지, 10년 빠른 치매 예측, 복지사각지대 해소 등 복지 분야의 획기적인 서비스 개선이 기대된다.

환경
: 쾌적한 청정국가 실현 및 환경오염·기후변화 대응 신산업 창출

경제·사회가 발전할수록 환경에 대한 수요는 더욱 높아진다. 깨끗한 물과 공기 속에서 건강하게 살 생존권을 위해 환경에 대한 요구와 관심도 나날이 증가하고 있다.

환경분야에 있어서는 IoT 기술을 통해 모니터링 시스템을 확대하고 예보 시스템을 정확하게 구축하는 것을 골자로 정책이 마련되어 있다. 궁극적으로는 환경문제 해결까지 나아가면 최상이지만, 이는 인접국과의 문제나 에너지 등 관련 산업 등과의 연관성도 있어 아직은 쉽지 않은 문제이다. 다만 모니터링 기술이 발달하여 원인 규명이 명확해진다면 협상력 증가 등으로 환경 개선의 가능성이 더 높아질 것으로 기대할 수 있다. 미세먼지나 상하수도, 사업장 환경오염 감시 시스템 등의 개발이 계획되어 있다.

안전

: 범죄·사고 예방·스마트 안전사회 구현 및 지능형 안전산업 선도

최근 사회적으로 선박 침몰, 건물 화재, 건물 붕괴 또는 생활용품 방사성 물질 검출, 식료품 안전불량 등의 사건이 많이 불거지고 있다. 시설물이나 해양안전, 생활화학제품이나 먹거리 등에 대해 관리시스템을 고도화하고 관련한 관리 법률을 제정하려는 노력도 이어지고 있다. 또한 지능형 CCTV, 인공지능 기반 범죄분석 등 과학치안 기술을 개발하고 근거법령을 마련하여 과학적 치안정책을 추진하려는 노력도 병행되고 있다. 어느새 나도 모르게 일어날 수 있는 사고나 재해, 범죄의 피해에서 조금 더 안전해지는 일도 4차 산업혁명을 통해 실현될 수 있다.

국방

: 무인화·지능화 국방구현 및 차세대 방위산업 선도

저출산 고령화로 인해 비상이 걸린 분야가 또 있다. 입영대상이 대폭 감소하는 국방 분야에서도 그 어느 때보다 4차 산업혁명으로 인한 지능형 국방으로의 전환이 절실한 시점이다. 최근 대북관계 완화로 국방 강화의 목소리가 부각되지는 않지만, 자주적으로 국가 수호를 위해서 지속적으로 기술의 발전을 활용할 필요는 여전히 존재한다. 이를 위해서 지능형 국방 경계감 시스템을 개발하여 2022년부터는 군사중요지역 등 경계근무의 무인화를 도입할 예정이다.

전투훈련은 시뮬레이터, 정밀사격 등 VR/AR 등 훈련콘텐츠를 개발하여 보다 안전하고 실감나게 시행하고, 이를 2021~23년에 사관학교 등 총 20개소에 보급할 계획이다.

이러한 분야별 계획을 위해서 필요한 핵심 기술을 발전시키고 경쟁력을 확보시키려는 내용도 동 대응계획에 담겨있다. 세계적 수준의 지능화 기술 강국 도약을 목표로 지능화 기술, 기초 기술, 융합 기반 기술을 발달시켜야 한다.

이러한 기술을 '혁신성장동력'으로 육성하기 위해 인공지능, 자율자동차, 고기능 무인기, 스마트 시티 등 기술이 중복해서 사용되는 분야

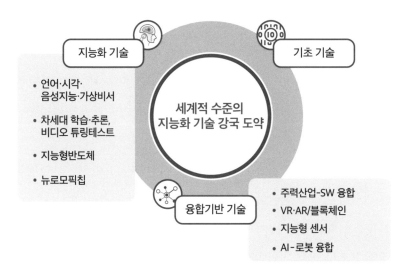

<그림 4> 지능화 기술 경쟁력 확보

를 통합하고 연계하여 조기 상용화 분야와 원천기술 확보 분야를 나누어 정책적 전략을 달리하여 접근한다.

조기상용화 분야는 규제 개선과 실증, 조달의 패키지 지원을 통해 시장에 해당 기술이 잘 정착할 수 있도록 여건을 마련하고, 원천기술 확보 분야는 정부 R&D를 중점 투자하여 경쟁에서 성공하여 기술 확보를 안정적으로 할 수 있도록 지원한다. 이를 위해 창의적이고 도전적인 연구를 촉진하기 위해 R&D를 연구자 중심 프로세스로 개편한다.

기획단계에서 과제 최소지원 기간을 도입하고 경쟁연구를 확대하며, 논란이 많은 선정 단계에서는 전문성을 강화하기 위해 상피제도를 완화하고 충분한 평가 기간을 확보하도록 제도를 개선한다. 기계적인 연차평가는 원칙적으로 폐지하고, 우수 연구 참여자는 공정한 보상을 받도록 보상체계도 마련할 계획이다. 또한 이러한 R&D 결과물의 상용화를 위해 연구 데이터 플랫폼을 구축하여 개방형 혁신을 촉발하는 한편, 연구소 기반의 기술 창업을 활성화하고 과학기술 기반 일자리중심 대학 육성 등을 추진하였다.

4차 산업혁명의 근간은 네트워크에서 시작한다. IoT, 5G 등 안정적인 네트워크 구축을 위한 인프라 확보의 선행이 요구되기 때문에 IoT 전용망을 확충하고, 10기가 인터넷망이 상용화되고, 세계 최초로 5세대 이동통신(5G) 조기 사용화도 마련된다. 또한 빅데이터 지원체계를 위해 빅데이터 센터를 구축하고 데이터 개방도 촉진될 계획이다. 다만 개인정보 보호라는 가치와 충돌되는 부분 때문에 개인 데이터의 비식별화하는 방법과 기술에 대한 논의도 지속되고 있고, 양자 간 가치의 조화점을 모색하는 과정 중에 있다.

4차 산업혁명이 융복합에서 촉발되기 때문에 기존의 법률 체계에서는 존재하지 않은 신산업에서 새로운 혁신이 나타날 수 있다. 문제는 우리 법률체계가 허용되는 사항만 열거하는 포지티브 방식으로 규정되어 있기 때문에 새로운 영역이 나타나면 이를 반드시 제도화해줘야 하는 맹점이 있다. 공유경제, 핀테크 등 다양한 영역에서 우리나라는 이미 글로벌 경쟁에서 약간 뒤처진 상태에서 출발하고 있다. 다만 규제 개선에 있어서 충분한 사회적 합의 절차를 통해 규제체계를 혁신하려는 노력은 지속적으로 추진되고 있다.

<그림 5> 혁신 친화적 규제체계 마련

또한 이러한 변화는 대부분 스타트업, 벤처 등에서 촉발되기 때문에 중소벤처기업을 성장 동력으로 확충하기 위해 기술 창업을 촉진하고, 4차 산업혁명 유망 품목을 공공구매 우선 구매 대상으로 포함하고 그 비율을 확대하는 내용을 추진중이다. 또한 벤처생태계 활성화를 위해 성장사다리 펀드를 신규 확충하고, 정책금융기관의 연대보증을 전면 폐지한 바 있다.

또한 판교 등에 혁신 클러스터를 조성하고, 지역특구법 개정·시행하여 규제의 한시적 면제와 완화, 실증사업화 지역 특구 도입 등을 추진하고 있다. 부산시의 블록체인, 강원도의 원격의료 등이 허용되어 시험대에 올라와 있다.

4차 산업혁명 시대에 가장 필요한 자원은 핵심인력이다. 최근 빅데이터나 AI 관련 전문인력은 몸값이 천정부지로 치솟고 있다고 한다. 우리나라에서도 지능화 기술이나 신산업, 주력산업에 대한 인력 수요가 증가하고 있는 반면 숙련된 인력은 부족하다.

이에 따라 정책적으로 소프트웨어 중심대학을 확대하고, 사이버 보안 인재개발원 설립, 스마트공장 전문인력양성, 자율차, 드론 등의 4차 산업들을 현재 전자 기술과 융합하여, 발전된 산업환경을 만드는 게 기여할 수 있는 인재로 키워 나가는 신산업 기술융합형 전문인력양성 등을 목표로 하고 있다.

또한 민간에서 수요에 따른 우수한 인재양성 과정이 많이 나올 수 있도록 환경을 조성하는 것도 중요한 과제이다. 4차 산업혁명에 따라오는 우려 중 하나가 바로 일자리가 감소한다는 것이다. 정확히 말하면 일자리의 절대 수치가 감소하는 것은 아니며, 일자리의 내용이 변화하는 것이다.

다만 현직 종사자의 경우에는 일자리를 잃을 것은 자명한 일이다. 따라서 일자리에 대한 사전 예측이 중요해지고, 고도화된 일자리 예측으로 인재양성 과정 등에 대한 개편이 먼저 이루어져야 피해를 최소화할 수 있다. 또한 빅데이터에 기반하여 사회적 수요가 많은 곳으로 개인의 역량에 맞는 취업·훈련 등을 실현할 수 있다. 재직자에 대해서도 직무전환, 신중년 역량강화 등이 시행된다.

스마트공장을 예를 들어보면, 실제 늘어난 생산성으로 인해 스마트공장의 일자리는 늘어난 것이 실태조사 결과로 드러난다. 다만 늘어난 일자리는 시스템 도입으로 인한 전산 일자리가 많은 편이다. 그러나 아직은 오랜 제조 현장에서 익힌 근로자의 노하우 등이 시스템으로 체계화되지 않았으며 데이터가 충분하게 누적되지 않은 상태이다. 따라서 기존 근로자도 계속 필요하며 새로운 전산 및 시스템 관리에 대한 채용 수요가 늘어나고 있는 것이다. 향후에는 제조 현장 근로자보다 스마트공장 시스템 관리자에 대한 수요가 늘어날 것으로 예측하고 이에 따라 교육과정을 설계하는 것이 보다 합리적일 것이다. 또한 '우버 보험'과 같이 플랫폼 경제의 발달로 인한 사회·제도의 변화에 따라 노

전직·재직자 교육훈련
» 스마트공장 등 직무전환 교육 실시(5만명, ~'22)
» **신중년 역량 강화(폴리텍 특화캠퍼스 운영, '18~, 4개)**

취업 지원
» **빅데이터 기반**
» 개인 맞춤형 취업·훈련 정보 추천('19~)

일자리 예측 고도화
» 인력 수급변화 및 필요역량 변화 예측('18)
➡ **직업훈련·자격제도 신설 등에 활용(~'20)**

고용안정망 강화
» 고용보험 적용·가입대상 확대('18上~)
» 실업급여 지급기간·수준 강황('18上~)

새로운 노동법 체계 준비
» 플랫폼 종사자 등 산재예방 보호대상 포함('18~)
» 다양한 계약형태의 노무제공에 대해
  사회적 논의를 통해 현행 규율체계 재검토

<그림 6> 4차 산업혁명 시대 일자리 안전망 확충

고용구조 변화에 선제 대응하여 유망 신산업으로의 원활한 전직과 실직에 대한 두려움 해소를 위해 일자리 예측을 통한 취업지원을 강화하고 전직·재직자 교육훈련 확대 및 고용안전망 사각지대를 해소하며 4차 산업혁명에 따른 기술 변화에 대응하여 종사자 보호 규율의 체계적 변화를 추진한다.

동자의 신분문제도 발생하게 되는데 기존의 고용형태와 달라지는 플랫폼 노동자들에 대한 사회제도적 보호장치 등 현행법체계에 대한 점신적 개선에 대한 논의노 중상기석인 과제이다.

4차 산업혁명에 대한 우려의 목소리 중 다른 또 하나가 사이버 역기능이다. KT 아현지역 화재로 인한 통신 두절 사태가 보여줬듯이 우리가 ICT에 대한 의존도가 높을수록 이에 대한 공격과 위협에는 더욱 취약할 수밖에 없다. 지능형 사이버 안전망을 구축하여 사이버위협에 대응하고, AI의 영역이 넓어질수록 대두되는 윤리적 문제라던가 법적 쟁점 같은 부분들에 대한 사회적 숙의와 고민이 그 어느 때보다 필요한 시점이라고 할 수 있다.

4차 산업혁명의
추진체계 및 기대효과

여태까지 4차 산업혁명을 다소 복잡하게 설명했다. 이제 이 4차 산업혁명을 어떻게 추진할 것인가의 문제를 논의한다.

4차 산업혁명의 추진체계는 누가 포함되어야 하나라는 질문을 던져보면 대답은 간단하다. "우리 모두". 다만 그 주된 리더가 누가 되어야

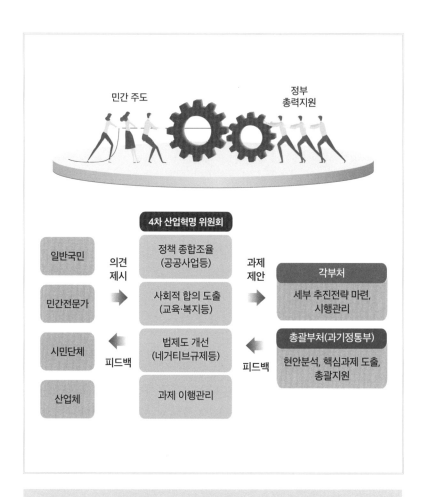

<그림 7> 민관협력을 통한 범국가적 대응체계 추진

민간이 주도하고 정부는 민간 혁신의 파트너로서 총력 지원하는 민·관 협력을 통한 범국가적 대응체계 구축한다. 4차산업혁명위원회는 부처간 정책 조정과 사회적 합의를 유도하고 각부처는 핵심과제의 세부 추진전략을 마련하고, 과기정통부는 4차산업혁명위원회 총괄지원 역할을 수행한다.

<그림 8> 기대효과

하느냐 부분은 고민이 좀 더 필요할 것이다. 해외 선진국에서는 민간
에서 4차 산업혁명이 촉발되고, 정부가 이를 확인해주고 육성해주는
절차로 발전이 진행되었다.

우리나라 역시 민간이 주도한다는 원칙하에 정부가 총력 지원하겠
다는 추진체계를 구축하여 발표하였다. 정부와 민간을 연결하는 플랫
폼으로 4차산업혁명위원회를 만들어서 민간전문가와 관계부처 장관
으로 구성하여 위원회를 운영한지 벌써 만 2년 차에 접어들었다. 다만
규제 등과 같은 이슈로 우리나라의 민간은 해외보다는 좀 더 적극적이

어야 한다. 정부에서 선제적으로 풀어줘야 할 규제 등은 미리 발굴해서 해결을 촉구해야 하며 활동과 동시에 목소리를 더욱 높여야 할 필요가 있다. 사회의 목소리에 호응하여 총괄부처인 과기정통부를 비롯한 다른 부처에서 적극적으로 움직일 때 4차 산업혁명의 도래를 새로운 도약의 기회로 받아들일 수 있을 것이다.

정책적으로는 4차 산업혁명을 낙관적으로 관망하고 있고, 이러한 관망을 실현시키기 위해 노력중이다. 다양한 경제효과와 고용효과를 예측하고 있으며, 수많은 노력을 하고 있다.

4차산업혁명위원회 2기가 출범하고 대응계획 2.0을 발표하였다. 교육, 노동 등 주요 이슈에 대한 위원회 차원의 권고안도 2019년 하반기에 발표하기 위해 준비중이다. 민간이 주도하고 정부는 이에 적극 호응하는 지금의 체계가 모쪼록 좋은 결과를 얻어가길 바래본다.

혁신은 완전히 새로운 것이 아니라 여태까지 있었던 것을
나른 시각에서 알아차리는 것에서 시작한다.
다만 아는 것이 중요한 게 아니라 어떻게 적용하느냐가
가장 큰 문제인 것이라고 생각한다.
어쩌다 보니 스타트업 육성정책과 관련한 일을
경력 중에 가장 많이 했다.
정책하는 사람으로도 계속 마음속에 걸리는 일인데,
말로만 떠드는 혁신보다는 자신의 모든 것을 걸고 뛰어드는
스타트업에서 나오는 혁신성장이 진정성 있다고 생각한다.
대한민국 스타트업이 결과뿐만 아니라
과정까지 진정성 있는 혁신성장의 주체가 되길 바란다.

전세희
저자 전세희는 중소기업청과 중소벤처기업부 그리고 혁명위원
회의 서기관으로 근무한 바 있으며, 현재 중소벤처기업부 정책
평가과장으로 재직 중이다.

혁신성장을 위한
정부의 기업가정신을 기대하며

김선우 | 과학기술정책연구원 연구위원

이제는 사회의 모든 분야에서 '혁신'에 대한 이야기를 하고 있다. 이 같은 흐름은 그리 오래되지 않았다. 경제성장의 논의에서 '혁신'의 개념이 도입된 것은 불과 한 세기에 지나지 않는다. 이와 맥을 같이해 이윤만을 추구하는 자본가와 구분하여 '기업가정신'을 원동력으로 자본주의가 진화한다는 슘페터 모형은 현재에 와서 가장 설득력 있는 프레임으로 주목받고 있다.

성장 정체를 극복하기 위한 '혁신'

이 같은 혁신에 대한 흐름에는 나름의 이유가 있다. 전 세계적으로 모든 국가가 저성장, 저소비, 저금리 시대를 살아가고 있으며 또는 성장 정체를 겪고 있다. 이를 극복하기 위해 독일과 미국 등 주요 선진국은 제조업의 중요성에 대한 인식 전환과 함께〈Industry 4.0, Manufacturing USA〉등과 같은 혁신 프로그램을 기반으로 하는 산업 발전 전략을 통해 미래 산업구조로의 구조 전환을 추진 중에 있다. 또한 지속 가능한 성장을 위한 세계 경제의 패러다임의 큰 변화에 따른 소위 '혁신성장'을 추진 중인 것이다.

'혁신성장'이라는 개념은 글로벌 금융위기 전후 OECD에서 집중 논의된 정책 어젠다이다. 2000년대 초반 OECD는 선진국 생산성 증가의 둔화 현상을 규명하는 과정에서 거시경제, 산업경제, 기업 성장에 있어 기술혁신의 중요성을 강조했다. 이후 글로벌 위기의 정책대응으로 장기적 관점의 경제성장을 위해서는 혁신 투자의 중요성이 강조되었다.

최근 OECD는 생산성 둔화 및 구조적 침체의 문제 해결을 위해 신제품 개발과 서비스 혁신을 내세웠다. 이 외에도 제조 공정혁신, 부가가치 사슬 전반의 혁신과 노동, 금융, 법, 규제, 문화 등 사회 경제 문화 전반의 혁신과 개혁의 중요성을 강조하고 있다.

성장한계의 함정에 빠진 한국경제

우리 정부도 크게 다르지 않다. 최근 위기감을 느낀 정부는 혁신성장의 확산과 가속화 촉진에 더욱 박차를 가하겠다며, '혁신성장 확산·가속화 전략'을 발표하였다(2019.8.). 시스템반도체, 미래차, 바이오헬스, 인공지능 등 6대 혁신 인프라와 신산업 분야에 예산 4.7조원(올해 대비 45% 증가)을 투입한다는 것이 핵심내용이다. 향후 혁신성장의 확실한 모멘텀Momentum 마련을 위해 반도체 가치사슬을 강화하고, 배터리 및 자율주행 등 미래차 분야를 지원하겠다는 의지이다. 4차산업혁명이 글로벌 경쟁을 새로운 차원에서 이끌고 있는 현실에서, 미래 핵심산업 분야의 경쟁력을 확보하는 것은 다음 세대의 먹거리를 책임질 중차대한 과제이다. 이에 우리 정부가 관련 후속대책을 차질없이 이행해 우리 경제의 체질 강화와 성장동력 확충을 이루어내겠다는 의지를 표명했다는 것은 높이 살만하다.

그러나 최근 우리 경제는 성장동력 저하와 고용창출력 약화 등의 구조적 문제에 직면해 있다. 사회경제 전반적으로 활력이 저하된 상태다. 저출산·고령화, 생산성 하락, 중국 등 후발국 추격 등으로 성장능력을 의미하는 잠재성장률은 2% 대로 하락하고 있다. 한국경제는 성장한계의 함정에 빠졌다. 지금은 창조적 파괴가 가능한 시장, 구조개혁을 통한 국가 경제의 재건이 필요한 시기이다.

기업가형 국가의 등장

그동안 우리는 과학기술로 사회문제와 산업혁신을 해결하고자 노력해왔다. 과학기술 강국 실현을 통한 질 높은 경제발전과 부국富國의 목표를 한시도 잊지 않았다. 그간 국가 경제의 성장을 위해 마중물 역할을 수행했던 과학기술정책의 흐름을 살펴보면, 1980년대 국가혁신체제론NIS에서 2000년대 부문별혁신체제SIS, 지역별혁신체제RIS로 구체화할 수 있다. 그리고 2000년대 중반 이후로는 기업전략으로 기술경영과 신사업 발굴, 기업가형 정부(Mazzucato, 2013)로 역할이 변화하고 있다.

과거 우리는 정부 역할에 대해 산업을 선도할 것에서 민간을 보조하는 형태로 변화하면서 산업의 시드Seeds를 발굴 및 개척하는 것으로 변화되어 왔다. 마주카토의 말처럼 "경제 판도를 바꾸기 위한 '돌파구'를 마련하는 것이 국가의 역할이며, 기술 산업 성공의 배후는 국가"라는 '기업가형 국가'의 역할이 강조되고 있다.

경제와 산업 체질을 바꾸고 국민이 체감하는 혁신성장을 이루려면 무엇보다 정부가 혁신생태계 내 시장실패를 보완하는 역할을 더 적극적으로 해야 한다. 지금은 정부가 혁신의 발굴자의 역할을 하는 기업가형 국가 모델이 필요한 때이기 때문이다. 혁신의 현장에서 불가피하게 일어나는 시행착오와 실패를 극복하려면 헌신적인 개발자나 기업가와 함께 실패의 위험을 떠안고 혁신가들을 지지하는 역할이 요구된다. 그런 의미에서 기업가형 국가는 실패 위험이 높거나 수익성이 낮은 기술과 벤처에 선도적으로 투자해야 한다.

지속가능한 혁신성장, '기업가정신'에 주목

그리고 혁신성장은 우리 경제·사회의 구조와 체질을 근본적으로 바꾸고, 사람 중심의 경제를 실현하기 위한 성장전략이다. 민간주도로 기술·자본·인력 등 생산요소의 원활한 연결을 통해 경제 전반의 생산성을 제고하고 효율적인 자원 배분을 도모해야 한다. 아울러 노동시장 개선, 규제 재설계, 사회적 자본 확충 등 경제사회 전반의 제도혁신도 병행되어야 한다. 이를 방증하듯 OECD는 혁신이 모든 경제의 성장과 역동성을 뒷받침하며 지속 가능한 성장을 위한 원천이라 평가한 바 있다(Innovation Strategy 2015).

이에 우리 정부는 한국 경제정책의 두 가지 축을 '소득주도 성장'과 '혁신성장'에 두고 있다고 밝혔다. 소득주도 성장이란 수요의 측면에서 가계소득이 증가하면 소비가 증가하고 이 소비가 다시 기업에 돌아가 더 많은 재화를 생산하게 되어 결국 기업의 일자리가 늘어난다는 '선순환적 경제 활성화'를 일컫는다. 그러나 문제는 소득이 증가한다고 꼭 소비가 활성화되지는 않는다는 데에 있다. 미래에 대한 불확실성 때문에 소득이 증가해도 가계 소비와 기업의 일자리 수요가 늘어나지 않을 수 있기 때문이다. 그래서 나오는 또 다른 한 축이 '혁신성장'이다. 혁신성장은 기업의 공급 측면을 강조하는데, 기업이 기술혁신을 통해 새로운 기술을 발명하면 이를 통해 새로운 일자리가 있어야 하게 되고 따라서 가계의 소득 증대와 함께 기업의 일자리 수요 증가를 모두 기대할 수 있게 되는 것이다. 그래서 전문가들은 좀 더 확실한 일자리 증가 효과를 기대할 수 있는 '혁신성장'이 상대적으로 더욱 바람직한 성장방안이라 평가하기도 한다. 신산업 발굴을 통해 일자리를 확대하고 창출하는 성장이기 때문이다.

　최근 이러한 혁신성장을 제대로 실현하기 위한 핵심요소로서 기업가정신이 주목받고 있다. 새로운 부가가치나 양질의 일자리 창출은 창의와 도전, 혁신의 힘이 응집된 혁신성장에서부터 비롯되기 때문이다. 특히 최근 정보통신기술^{ICT}의 융합과 혁신에 근거한 4차 산업혁명이 국가경쟁력을 좌우하는 가운데 혁신성장 실현은 우리가 반드시 실현해야 할 정책과제이다. 그리고 그 중심에 기업가정신^{Entrepreneurship}이 있다. 도전적이고 창의적인 역량을 발휘해 새로운 업^{業}을 만들어 내는 기업가정신의 함양 없이 이를 성공시키기는 어렵기 때문이다.

기업가경제의 활성화

투릭Thurik은 기존의 경제성장 방식Managed economy. 관리경제과 구분지어 기업가경제entrepreneurial economy를 제시한다. 관리경제에서 성장은 안정성과 전문화, 동질성, 규모, 지속성에서 비롯되지만, 기업가경제에서 성장은 역동성, 다양성, 유연성과 변화가 그 동력이라고 할 수 있다. 즉 기업가경제에서는 규모보다 유연성이 중요하기 때문에 대기업보다는 중소기업에서 혁신이 촉발되고, 산업진보를 자극하며, 일자리를 창출하는 역할을 한다는 점이다.

	기업가경제 Entrepreneurial economy	관리경제 Managed economy
원동력	지역화 변화 높은 임금을 주는 일자리	세계화 지속 일자리 또는 높은 임금
외부 환경	역동성 다양성 이질성	안정성 전문성 동질성
기업 운영 방식	동기 시장 교환 협력하는 경쟁 유연성	관리 기업 거래 경쟁이나 협력 규모
정부 정책	자율 투입 중시 지역 단위 혁신가	규제 결과 중시 국가 단위 기존 인력

<표 1> 기업가경제와 관리경제의 비교

출처: Thurik, A, Entreprenomics: Entrepreneurship, Economic Growth and Policy, *Entrepreneurship, Growth and Public Policy*, 2009, 219-249.

관리경제에서 기업의 실패는 부정적으로 간주되며, 사회자본을 낭비하는 것으로 인식되기 때문에 위험회피가 합리적인 활동으로 간주된다. 따라서 모험자본에 대한 투자 활동이 위축되는 구조를 지니고 있다. 반면, 기업가경제에서 실패는 실험적인 활동의 결과로 인식된다. 즉 위험이 높은 외부환경으로 인해 발생하는 결과이기 때문에 전체 사회적인 학습의 일부이며, 새로운 아이디어를 찾고 실행하는 데 수반되는 요인 중 하나이다. 관리경제에서 기업가정신은 경제성장에 부정적인 영향을 주지만, 기업가경제에서의 기업가정신은 성장의 원동력이다(Acs & Armington, 2004).

이처럼 기업가정신이 혁신성장에 영향을 주는 방식은 크게 세 가지로 요약된다.

첫째, 기업가정신은 지식의 파급효과spillover를 창출한다. 지식의 파급은 경제성장의 투입요인으로서 대학과 같이 지식이 축적된 기관에서 기업가정신을 갖춘 인력과 기술이 확산되는 것이 주요한 성장의 메커니즘이다.

둘째, 중소기업의 수가 증가함에 따라 경쟁이 촉발되고, 이는 경제성장의 역동성으로 작동한다. 실제 지역 내에 기업의 수와 경쟁의 강도가 증가할수록 지역의 성장률은 증가한다.

셋째, 기업의 다양성 증가는 외부효과externality로 이어진다. 즉 한정된 지역 내에서 다양한 생산방식과 이질적인 기술을 보유한 기업들이 증가하면 다양성의 외부효과가 증가해 구성원들 간의 지식전달, 새로운 지식의 창출 가능성이 커져 경제성장으로 이어진다.

혁신은 기본적으로 위험과 실패를 감수해야 한다. 따라서 혁신 활동은 성공하는 프로젝트를 지원하는 것이 중요한 것이 아니라 포트폴리오의 우수성, 실패 가능성, 실패했을 경우에 중단해야 하는 정직함 역시 동일한 수준에서 추진해야 한다. 즉 '실험적 혁신experimental innovation'을 지향해야 한다.

물론, 실험적 혁신의 한계는 분명 존재한다. 기업가적 리더십과 도전정신이 있는 경우에 가능하다는 사실이다. 혁신을 추진해나갈 기업가정신을 갖춘 혁신가가 있어야 한다. 이들의 역할이 핵심이라고 할 수 있다. 물론, 혁신가에게 모든 아이디어가 있는 것은 아니지만 이들은 아이디어를 '실행'하는 능력을 지니고 있다.

시장기회 창출하는 개척자로서의 '정부'

영국의 네스타Nesta는 2008년 금융위기가 그동안 진행된 혁신성장을 기존의 경제주체들이 따라잡지 못한 결과라고 지적하면서 정부의 기존과는 다른 대응 방식을 제안하고 있다. 정부의 개입 방향은 단기적인 경기부양책이나 긴축재정과 같은 재정적인 역할에 그칠 것이 아니라 혁신시스템 자체를 강화하기 위한 수단들의 통합적 연계, 즉 경쟁정책, 세금정책, 교육시스템, 금융시스템, 연구개발 정책 간의 연계로 진행되어야 한다는 것이다.

한편 정부의 역할에 대해 민간에서 접근하기 어려운 와해적이고 불확실성이 매우 높은 분야에 개입해야 한다는 의견도 주목받고 있다. 마주카토는 아이폰을 구성하는 대부분의 요소기술이 NASA(미국항공

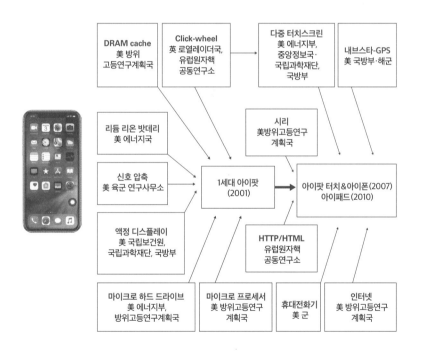

<그림 1> 아이폰(iPhone)이 어떻게 만들어졌나
출처: https://marianamazzucato.com/entrepreneurial-state/

우주국), DARPA(미국방위고등연구계획국) 등 정부의 적극적인 투자 프로그램의 결과이고 달 착륙에 활용되던 기술이 최근의 그린 테크놀로지로 활용됐다는 점 등을 제시하며, 정부가 시장 기회를 창출하는 개척자적인 역할을 해야 한다고 주장한다.

혁신정책은 국가단위-지역-도시수준까지 전 영역에 걸친 제도적인 조화가 필요하다. 이를 OECD는 'Framework condition'이라고 지칭하는데, 효과적인 거시정책, 시장경쟁, 국제무역에 대한 개방성, 조세시스템 등이 다양한 정책수단이 망라된다. 이러한 종합적 관점에서 월드뱅크World Bank는 혁신주도 경제에서 정부의 역할을 정원관리gardening에 비유한다. 즉, 적절한 재정수단을 강구하고(물을 주고), 규제와 제도적인 규제를 제거하고(해충과 잡초를 없애고), 교육과 연구에 투자함으로써 지식베이스를 강화하는 역할(토질을 개선하는)이 종합적으로 요구된다.

따라서 정부는 혁신기업의 신제품에 대해 선도적인 소비자 역할을 수행함으로써 시장을 형성하고 시장 내 신규진입 기업에 유인을 제공해야 한다. 정부 조달 금액의 일정 비율을 혁신제품에 할당하는 방식 등이 사례가 될 수 있다. 또한 정부는 민간이 수행하기 어려운 와해적이고 불확실성이 높은 분야에 투자를 확대해나가야 한다. 미국의 SBIRSmall Business Innovation Research·중소기업혁신연구, DARPA의 사업으로부터 파생된 기술이 세계를 이끄는 기업의 초석이 되고 있음을 상기하자.

한국경제의 재도약과 혁신성장의 길

지난해에 이어 올해 '기업가성신 정책교류회**'에서는 대한민국 경제·산업·과학기술·문화 등 각계의 전문가들 9인이 모여 변화와 도전을 위한 혁신경제의 성장전략에 대해 논의하였다. 글로벌 경제 속에서 한국경제의 현황과 과제. 성장과 발전의 동인으로서의 혁신, 과거의 성장 패러다임을 뛰어넘는 핵심 전략, 그리고 새롭게 정의되고 창의적으로 도모되는 미래를 탐색하는 여정旅程이었다.

　어김없이 각계의 전문가들의 다양한 관점과 접근, 주장이 있었다. 한국 사회와 경제의 다양성과 복잡성, 시대적 변화와 그 가운데에서 불가피하게 드러나는 대립과 혼돈이 존재했다. 그러나 우리는 이러한 과정이 의미 있고 필요하다고 생각한다. 각 전문가의 관점과 주장이 현재 직면한 한국 사회와 경제의 돌파구를 찾는데 꼭 선결되어야 한다고 생각했기 때문이다.

▪ ──── 기업가정신을 오랜 기간 연구해 온 전문가의 다양한 시각을 통해 좀 더 나은 미래를 준비하고 대비하고자 마련된 '기업가정신 정책교류회'는 지난 2016년부터 시작되었다. 이 모임은 우리 경제의 활력과 재도약을 위해 기업가정신의 함양과 확산이 무엇보다 중요하다는 인식하에 추진되었다. 지난해에는 4차 산업혁명과 기업가정신 그리고 창업을 연결하는 주제를 가지고 총 12명의 각 계 전문가가《4차 산업혁명 시대의 기업가정신, 플러그인》(한국비전교육원, 2018.4)을 출간한 바 있다.

이 책은 패러다임의 전환시대를 맞이하여 혁신을 주도하는 자만이 성장의 과업을 완성할 수 있다는 주제를 담고 있다. 그리고 혁신성장의 기회를 잡기 위한 대한민국의 분야별 혁신성장 전략을 모색하고 있다.

〈혁신성상 시대, 기회를 잡아라〉는 총 3부로 구성되었다. 가장 먼저 한국경제의 근간을 짊어지고 있는 기업과 금융, 경제 분야에서의 혁신의 트렌드를 살핀다. 새로운 기업이 성장과 발전의 동력이 되고, 기존의 성장전략 프레임을 넘어 혁신의 주체로 떠오른 한국경제의 모습과 산업구조를 진단하고 있다.

그리고 과거 한국경제의 핵심 성공 요인이었던 추격성장의 패러다임을 뛰어넘는 변화를 위한 혁신을 다루고 있다. 변화를 위한 혁신을 위해서는 우리가 생각하는 틀과 기준을 뛰어넘는 과감함이 요구된다. 여기서는 한국이 더욱 더 건강하고 주도적인 성장을 위한 교육과 문화(한류)를 살펴보았다.

또한 성공적인 혁신을 위한 근원적이고 본질적인 차원의 접근을 모색해 보았다. 다양성이 증대되고 선택의 폭도 넓어진 지금, 우리는 새롭게 정의하고 창의적으로 도모하는 '생태계'가 필요하다. 그리고 이러한 근원적이고 본질적인 탐색 과정은 '혁신'을 보다 단단하고 견고하게 해 줄 것이다. 지속성장이 가능한 창업생태계와 도시재생의 '지역', 생태계를 지속하고 유지해주는 기술적 차원의 심도 있는 접근은 그러한 과정의 한 좌표가 되고 있다.

마지막으로 이 책은 급변과 혼돈의 4차 산업혁명 시대 속에서 성장한계를 노정露呈 중인 한국경제의 위기를 함께 극복하는데 지혜를 모을 수 있는 기회를 마련하고자 기획되었다. 9명의 저자가 다양한 관점과 기준과 맥락 속에서 한국경제의 혁신성장 전략을 설명하고 있다. 각각의 글들은 각자의 지향점을 향하고 있다. 혹 일견 모순으로 보일 수 있다. 그러나 이러한 구성은 다양한 영역과 각 위치에서 보는 각기 다른 관점과 생각을 이해하고 통섭統攝하는데 도움이 될 것이다.

　이 책을 읽는 독자들은 각 전문가의 소중한 관점과 견해를 새로운 융합으로 풀어주길 바란다. 그리하여 난해하고 복잡하고 다소 어려워 보이지만, 흥미롭고 의미있는 작금의 한국경제의 재도약과 혁신성장의 길에 함께 마주하길 기대한다.